동인랑

21세기에 들어서면서 세계경제를 말할 때 중국을 빼놓고는 말을 할 수 없게 되었고, 이제는 그 누구도 부정할 수 없는 현실이 되었습니다.
2015년 6월1일 한중 FTA체결을 하여 양국간의 교류는 더욱 견고해질 것으로 예상됩니다.
현재 수많은 기업에서는 중국어의 필요성을 인지하여 직원들이 중국어를 배울 수 있는 환경을 만들고 있습니다.

또한 최근 몇 년간 중국어 교재는 출판 주기의 변화속도와 다양성에서 괄목할 만한 발전을 만들어 가고 있습니다. 그만큼 독자들의 수준도 높아져서 콘텐츠의 내용과 수준이 높은 교재를 원하고 있습니다.
본 교재는 같은 발음 다른 성조라는 부제로 중국어에 있어서 성조가 얼마나 중요한지를 보여주는 교재입니다.
중국어를 학습하는데 있어서 가장 기초가 될 수 있는 발음과 성조가 확립이 되지 못하면 중국인과 소통시 많은 어려움을 겪게 됩니다.
그로인해 잘못된 성조로 오해를 받는 경우가 간혹 있습니다.

중국어에서 성조는 의미변별은 물론 품사의 변별 기능을 가지고 있습니다.
그래서 중국어 학습을 하는데 성조가 얼마나 중요한지를 보여주고 있습니다.

초중급 학습자가 중국어를 배우면서 어려움을 겪는 단어들을 소개하여 문장과 대화문을 통하여 비교할 수 있도록 하였습니다.
또한 쉬어가는 페이지에는 같은 한자지만 한국과 중국에서 서로 다른 의미로 쓰이는 단어에 대해서도 설명을 했습니다.

본 교재를 통해서 중국어 학습의 길잡이뿐만 아니라 동기부여가 될 수 있었음 하는 바람입니다.
마지막으로 좋은 책으로 나올 수 있도록 도와주신 (주)동인랑의 김인숙 실장님, 김혜경 팀장님과 임직원 여러분께 다시 한 번 깊은 감사의 마음을 함께 올립니다.
아울러 끝까지 믿고 든든한 버팀목이 된 가족들에게드 고마운 마음 전합니다.

경기도 산본에서

최 진 권

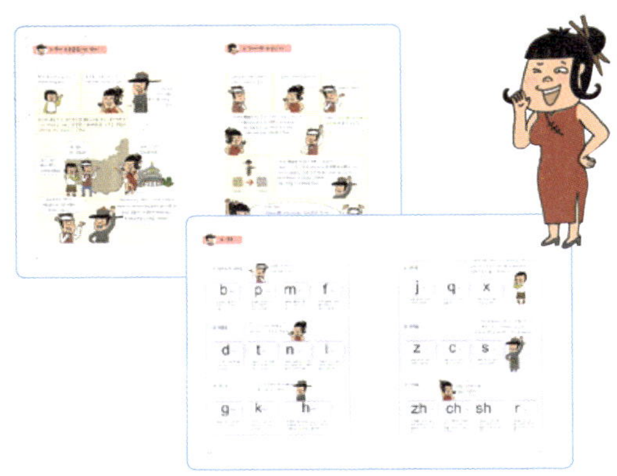

오늘날의 중국어

중국어에 대해 기본적으로 알아야 할 전반적인
기초 지식과 중국어의 기본 발음에 대해 알아
보는 부분이다. 재미있는 일러스트와 함께 알아
보고 성모와 운모를 MP3를 듣고 따라 하면서
중국어를 시작하도록 한다.

본문

같은 발음이지만 성조가 다른 두 단어를 서로 비교하여 성조가 달라
지면 의미가 달라진다는 것을 확실하게 보여주는 부분이다. 중국어에
있어서 성조가 얼마나 중요한지 다시 한 번 확인할 수 있다.

01 기본문장

같은 발음이지만 성조가 다른 두 단어가 들어간
기본 패턴의 문장 표현들이다. 꼭 알아야 할 표현을
위주로 수록하였으며, 기본 패턴의 문장에서도 성조
가 다른 두 단어에 따라 의미 전달이 달라질 수 있음
을 유의하고 MP3를 들으며 잘 따라 하도록 하자.

02 일러스트로 알아보는 단어비교

같은 발음 다른 성조로 된 두 단어의 특징이나 유래,
에피소드 등을 재미있는 일러스트와 함께 알아봄으
로써 두 단어의 성조를 제대로 확실하게 익힐 수 있을
뿐 아니라 중국어가 한층 쉽고 흥미 있어진다.

두 단어를 활용한 대화문

앞에서 나온 같은 발음 다른 성조
로 된 두 단어를 활용하여 만든
대화문이다. MP3를 통해 들려주는
대화문을 잘 듣고 따라 하면서 꼭
익히도록 하자.

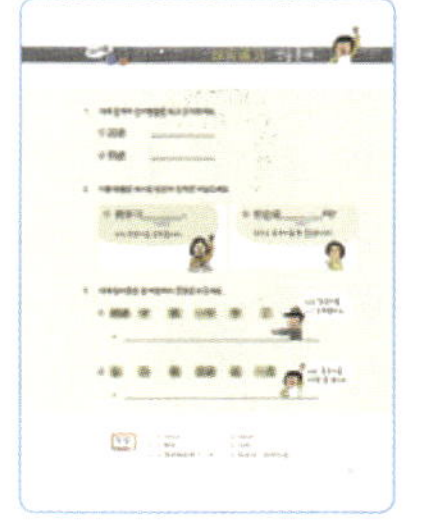

연습문제

앞에서 배운 것을 다시 한 번 확인하는
다양한 연습을 통해 확실하게 성조를
익히고 중국어 기초 실력을 다질 수
있다.

쉬어가는 페이지

같은 한자지만 한국과 중국에서
서로 다른 의미로 쓰이는 단어에
대해 설명을 하였다.
중국어 학습하는데 있어서 잘못
사용할 수 있는 부분을 주의해서
익히도록 한다.

간체자 — 번체자

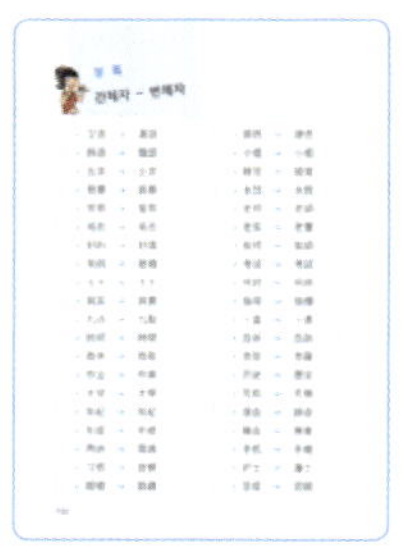

중국어는 간체자로 쓰
고 있지만 한국에서는
번체자로 쓰고 있기
때문에 그 부분에 대
해서도 확실하게 학습
이 필요하다.

중국어로 녹음되어 있고 본 책의 내용을
세분화하여 구성하였다. MP3 CD를 통해
내용을 반복해서 듣고 확인 학습하여 중
국어 실력을 향상시키도록 하자.

오늘날의
중국어

보통화(표준어)는 베이징음을 표준음으로 하고, 북방방언을 기초 방언으로 하며, 모범적인 현대백화문 저작을 문법의 규범으로 삼은 언어라고 규정해.

근데 한자가 너무 복잡하고 외우기가 어려운거 같아.

그래서 간체자가 있는거야~

간체자가 뭐야?

간체자(简体字)란, 한자가 오랜 시간동안 민간에서 사용되면서 자연스럽게 필획이 간소해지고, 쓰기 쉬운 방향으로 변화가 생기게 된 여러 가지 속자, 약자 등을 말해.

단순히 간략한(简) 모양(体)의 글자(字)란 뜻이 되는 구나.

國 → 国
번체자   간체자

간화자(简化字)란 중국 정부가 1956년에 시행하기 시작한 《한자간화방안(汉字简化方案)》에서 민간에서 유행하는 이체자, 속자 등(즉, 간체자)을 정리하고 취사선택하여 인위적으로 간략하게 개조 작업을 한 글자체를 말해.

간단히 말해 간략하게(简) 변화시킨(化) 글자(字)란 뜻이며, 간화자는 중국정부가 공인한 규범화 된 표준 간체자야! 자! 공부할 준비는 되었지?

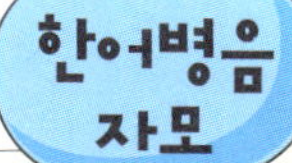

제 1성

제 2성

제 3성

제 4성

중국어의 음절은 성모, 운모, 성조로 구성된다는데 도대체 성모, 운모, 성조는 또 뭐야?
간단해. 아래를 봐!
성모는 우리말의 자음에 해당되며, 운모는 모음에 해당돼.
好 좋다
성조
hǎo
성모 운모
성조는 음의 높낮이를 말해.
음의 높낮이가 있다고 하니깐 어려울거 같은데?
그러니깐 올바른 성조 학습법이 중요한 거야.

성조란 음절 내에서 일어나는 음조의 변화를 말해.

중국어는 같은 음절이라도 성조에 따라 다른 뜻을 나타내.
그러기 때문에 올바른 성조 학습법이 중요한 이유야.
성조는 네 가지가 있으며, 아래와 같이 표시해.

第1声
ā

第2声
á

第3声
ǎ

第4声
à

轻声
a

i와 u가 함께 나오면
둘 중 뒤에 있는 운모 위에
성조 표기를 해.

i위에 성조를 표기해야할 경우,
i위의 점은 생략하고 표기해.

$$a > o = e > i = u = ü$$

제1성

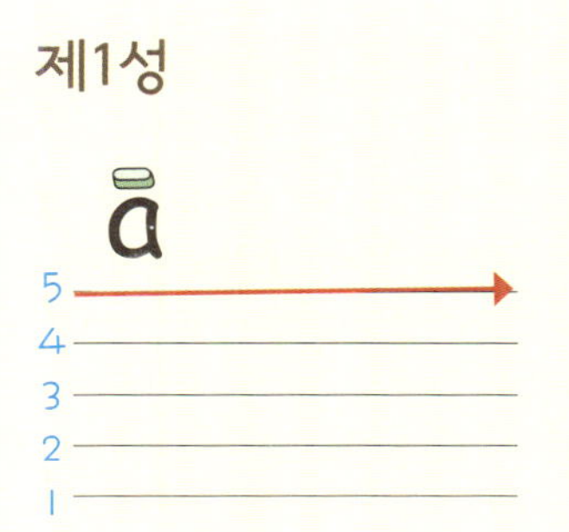

가장 높은 성조로 솔음에서 시작해서 솔음으로 끝나는 성조이다.
약간 높아서 지속적으로 음을 내주기가 불편한 상태라야 정확한 높이이다.
한국어 하듯이 편하게 발음이 난다면 그것은 실제 음보다 약간 낮은 상태일 것이다.

제2성

제2성 중간에서 고음으로 올라가는 성조로 미음에서 시작해서 솔음까지 똑바로 올린다. 3도부터 음이 시작된다는 점을 항상 염두에 두자. 그리고 중간이 꺾이거나 아래로 휘어짐 없이 음이 순식간에 5도까지 올라간다.

제3성

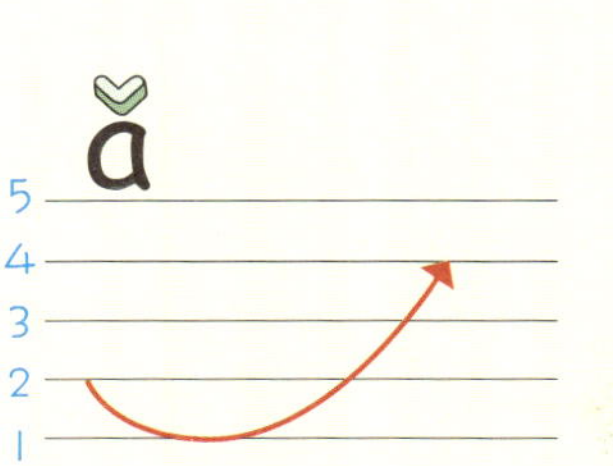

제3성 낮은 음에서 시작해서 가장 낮은 음으로 내려갔다가 다시 중간 음까지 올려주는 성조이다. 그냥 편안하게 음을 툭 떨어뜨려 준다는 기분으로 시작하자. 1도까지 내려간 상태는 가슴 저 밑바닥까지 음이 내려갔다는 기분이 들어야 한다.

제4성

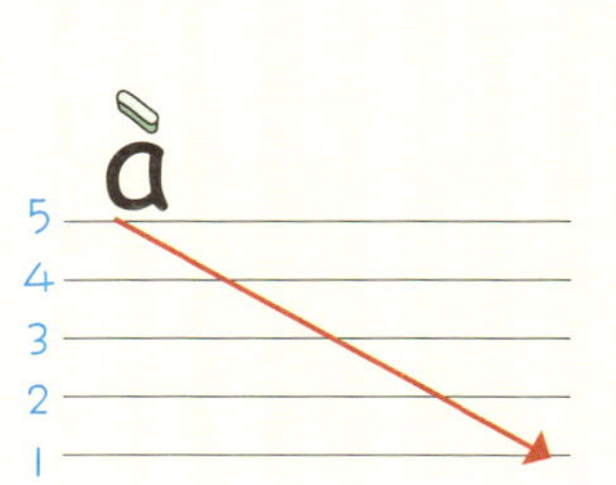

가장 높은 음에서 가장 낮은 음으로 떨어지는 성조로 솔보다 약간 높은 음에서 시작해서 도음을 향해 빠르게 말꼬리를 내려주면 된다. 5도에서 1도까지 대각선으로 떨어지는 음입니다. 직선으로 떨어뜨리지 않도록 조심해야한다. 그리고 처음 시작 할 때만 너무 음에 힘을 주고 나중에 힘을 빼버리면 듣기 기상한 발음이 된다. 처음에 너무 힘은 주지 말고 음이 끝나는 순간까지 힘을 고르게 주자..

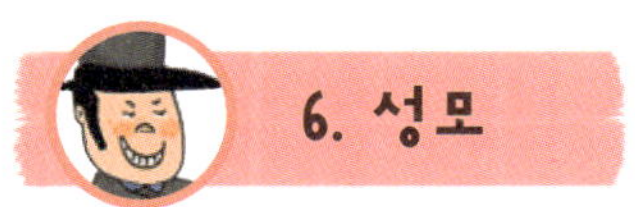

① 쌍순음과 순치음

b 뽀어

p 포어

m 모어

f 퍼어

입술을 붙였다 때면서 뽀어라고 발음

입술을 붙였다 때면서 가볍게 포어라고 소리낸다.

입술을 붙였다 때면서 모어라고 소리낸다.

아랫입술을 살짝 물어주면서 퍼어라고 소리낸다.

② 설첨음

d 뜨어

t 트어

n 느어

l 르어

뜨거운 것을 먹었을 때처럼 뜨어라고 소리낸다.

혀끝으로 윗잇몸을 살짝 건드리면서 트어라고 소리낸다.

정확한 발음은 느어지만, 실제 발음에서는 너처럼 들리는 경우가 많다.

혀 끝을 윗잇몸에 대었다 떼면서 르어라고 소리낸다.

③ 설근음

g 끄어

k 크어

h 흐어

목에서 뭔가 끌어내듯 끄어라고 소리낸다.

마찬가지로 뭔가 끌어내듯 크어라고 소리낸다.

흑흑흑 할때처럼 입안의 기류가 입천장을 타고 입 밖으로 나온다는 기분으로 흐어하고 뱉어낸다

④ 설면음

j 지	q 치	x 시
입을 옆으로 벌리고 지하고 소리낸다.	부드럽게 치하고 발음한다.	입을 옆으로 벌리고 시하고 소리낸다.

⑤ 설치음

z 쯔	c 츠	s 쓰
입을 옆으로 벌리고 쯔하고 소리낸다.	입을 옆으로 벌리고 츠하고 소리낸다.	입을 옆으로 벌리고 쓰하고 소리낸다.

⑥ 권설음

zh 즈	ch 츠	sh 스	r 르
혀끝을 위로 들어 올려 입천장 쪽으로 밀면서 즈하고 소리 낸다.	zh와 발음하는 방법은 같으며, zh보다 더 힘을 주어 츠하고 소리낸다.	혀끝을 위로 들어 올려 입천장 쪽으로 밀면서 스하고 소리 낸다.	혀끝을 위로 들어 올려 입천장 쪽으로 밀면서 르하고 소리 낸다.

① 기본운모

a 아 **o** 오어 **e** 으어 **i** 이 **u** 우 **ü** 위 **er** 얼

a	아	입을 자연스럽게 벌려 [아]하고 소리낸다
o	오어	입술은 둥근 모양으로 [오]음을 내다가, 끝에 살짝 [어]하고 붙여준다.
e	으어	[으]음을 내다가 끝에 살짝[어]하고 붙여준다.
i	이	가지런한 이를 보여준다고 생각하면서 입을 옆으로 벌려 [이]하고 발음한다.
u	우	야유할 때의 기분으로 입을 앞으로 내밀면서 [우]하고 발음한다.
ü	위	입을 약간 옆으로 늘어뜨리며 [우]와[위]의 중간으로 발음한다.
er	얼	먼저 e를 발음하다가 혀끝을 말아올리면서 [얼]하고 소리낸다. 단독으로 음절을 이루기도 하고 단어 끝에 붙어서 얼화운모가 되기도 한다.

* i u ü는 단독으로 음절을 구성할 때 yi, wu, yu로 표기한다.

* ü와 결합할 수 있는 것은 j, q, x, n, l 뿐이다.

② 복합운모

ai 아이	**ei** 에이	**ao** 아오
ou 어우	**an** 안	
en 으언	**ang** 앙	**eng** 엉
ong 옹		

ai	아이	입을 자연스럽게 벌리면서 [아이]하고 소리낸다
ei	에이	입을 자연스럽게 벌리면서 [에디]하고 소리낸다
ao	아오	입을 자연스럽게 벌리면서 [아오]하고 소리낸다.
ou	어우	실제 사용시 단어에 따라서 [오우]처럼 들리는 경우도 있다.
an	안	입을 벌리고 [안]하고 소리낸다.
en	으언	먼저 [으]소리를 내다가 끝에 [언]하고 살짝 붙여준다.
ang	앙	어린아이가 울음을 터뜨리듯 [앙]하고 소리낸다.
eng	엉	[응]에 가깝게 때로는 [엉]에 가깝게 발음한다.
ong	옹	기본은 [옹]이지만 실제는 단어에 따라서 [웅]에 가깝게 발음하기도 한다.

ia 이아 ie 이에 iao 이아오 iou 이어우 ian 이엔
in 인 iang 이앙 ing 이응 iong 이옹

ia	이아	a를 강하게 발음함 [이아]하고 소리낸다.	ya	야
ie	이에	e를 강하게 발음함 [이아]하고 소리낸다.	ye	이에,예
iao	이아오	중간발음 a를 가장 강하게 발음한다.	yao	야오
iou	이어우	성모와 결합할 때는 iu로 바꿔준다. 발음은 [이우]라고 해도 상관없다.	you	요우
ian	이엔	입을 자연스럽게 벌려 발음하며, 절대로 [이안]으로 발음하지 않는다	yan	옌
in	인	i를 강하게 n을 약하게 발음한다.	yin	인
iang	이앙	입을 자연스럽게 벌려 [양]과 같이 발음한다.	yang	양
ing	이응	비음이 섞여 [이응]으로 발음한다.	ying	이응
iong	이옹	입을 가볍게 옆으로 벌리고 [이옹]이라고 소리낸다.	yong	용

④ u와 결합운모

| ua 우아 | uo 우어 | uai 우아이 | uei 우에이 |
| uan 우안 | uen 우언 | uang 우앙 | ueng 우엉 |

ua	우아	u는 약하게 a는 길고 강하게 발음한다.	단독 표기시 **wa**	와
uo	우어	u는 약하게 o는 길고 강하게 발음한다.	단독 표기시 **wo**	워
uai	우아이	중간발음 a를 강하게 발음한다	단독 표기시 **wai**	와이
uei	우에이	성모와 결합할 때는 ui로 바뀌는데 e발음은 그대로 살려 발음한다.	단독 표기시 **wei**	웨이
uan	우안	중간발음 a를 강하게 발음한다.	단독 표기시 **wan**	완
uen	우언	성모와 결합할 때는 un으로 표기한다.	단독 표기시 **wen**	원
uang	우앙	입을 내밀면서 [우앙]하고 소리낸다.	단독 표기시 **wang**	왕
ueng	우엉	입을 내밀었다가 끌어들이면서 소리낸다.	단독 표기시 **weng**	웡

⑤ ü와 결합운모

üe 위에   üan 위엔   ün 원

üe 위에	기본 ü발음에 e를 붙여 [위에]라고 발음.	 단독 표기시	**yue** 위에
üan 위엔	기본 ü발음에 an을 붙여 [위엔]라고 발음.	단독 표기시	**yuan** 위엔
ün 원	기본 ü발음에 n를 붙여 [원]이라고 발음.	단독 표기시	**yun** 원

8. 경성

东西	dōngxī	동과서(방위)
	dōngxi	물건
地方	dìfāng	(중앙에 대하여) 지방
	dìfang	곳, 부분, 장소
大爷	dàyé	나으리, 주인 어른
	dàye	아저씨, 백부
孙子	sūnzǐ	춘추시대의 병법가
	sūnzi	아들의 사내자식, 손자
地下	dìxià	지하
	dìxia	땅바닥

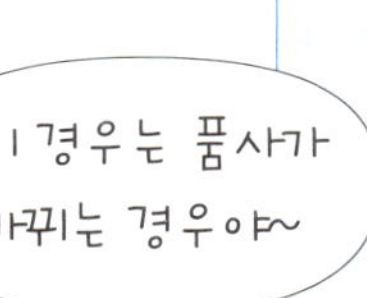

自然	zìrán	(명) 자연, (부) 저절로
	zìran	(형) 자연스럽다.
精神	jīngshén	(명) 정신
	jīngshen	(형) 활기차다
买卖	mǎimài	(동) 사고팔다
	mǎimai	(명) 장사, 매매
不是	búshì	是의 부정형
	búshi	(명)과실, 잘못
开通	kāitōng	(동) 개통하다
	kāitong	(형) 사고가 진보적이다.

西安
xī'ān 뒤음절 a, o, e

天安门　Tiān'ānmén
女儿　nü'ér

대문자 표기방법

天安门　Tiān'ānmén
女儿　nü'ér

단어의 띄어쓰기

본문

hànyǔ   hányǔ

Wǒ xuéxí hànyǔ
★ 我学习汉语。
저는 중국어를 공부합니다.

Nǐ xué hànyǔ ma
★ 你学汉语吗?
당신은 중국어를 배우나요?

Nǐ huì shuō hànyǔ ma
★ 你会说汉语吗?
당신은 중국어를 할 줄 압니까?

Wǒ xué hànyǔ xuéle yì nián
★ 我学汉语学了一年。
저는 중국어를 1년 공부했어요.

Wǒ huì shuō yìdiǎn hànyǔ
★ 我会说一点汉语。
저는 중국어를 좀 할 줄 압니다.

hányǔ
韩语
한국어

Wǒ xuéxí hányǔ
我学习韩语。
저는 한국어를 공부합니다.

Nǐ xué hányǔ ma
你学韩语吗?
당신은 한국어를 배우나요?

Nǐ huì shuō hányǔ ma
你会说韩语吗?
당신은 한국어를 할 줄 압니까?

Wǒ xué hányǔ xuéle yì nián
我学韩语学了一年。
저는 한국어를 1년 공부했어요.

Wǒ huì shuō yìdiǎn hányǔ
我会说一点韩语。
저는 한국어를 좀 할 줄 압니다.

- 学习　xuéxí　공부하다
- 동사 + 了　le　~했다(동작의 완료)
- 一点　yìdiǎn　조금, 좀

 你是哪国人?
Nǐ shì nǎguó rén

 我是韩国人。
Wǒ shì hánguó rén

 你会说汉语吗?
Nǐ huì shuō hànyǔ ma

 我会说一点儿汉语。
Wǒ huì shuō yìdiǎnr hànyǔ

 学韩语难不难?
Xué hányǔ nánbunán

 学韩语比较难。
Xué hányǔ bǐjiào nán

외국어

 日语   rìyǔ
일본어

 法语   fǎyǔ
프랑스어

 德语   déyǔ
독일어

 英语   yīngyǔ
영어

 泰国语   tàiguóyǔ
태국어

 俄语   éyǔ
러시아어

 西班牙语 xībānyáyǔ
스페인어

▥ 比较 bǐjiào   비교적

▶ 당신은 어느 나라 사람입니까?
▶ 저는 한국인입니다.
▶ 당신은 중국어를 할 줄 압니까?
▶ 저는 중국어를 조금 할 줄 알아요.
▶ 한국어 배우는 것이 어렵나요?
▶ 한국어 배우는 것이 비교적 어려워요.

1. 아래 한자에 한어병음을 쓰고 읽어보세요.

① 汉语   ＿＿＿＿＿＿＿＿

② 韩语   ＿＿＿＿＿＿＿＿

2. 다음 병음을 제시한 빈칸에 한자를 써넣으세요.

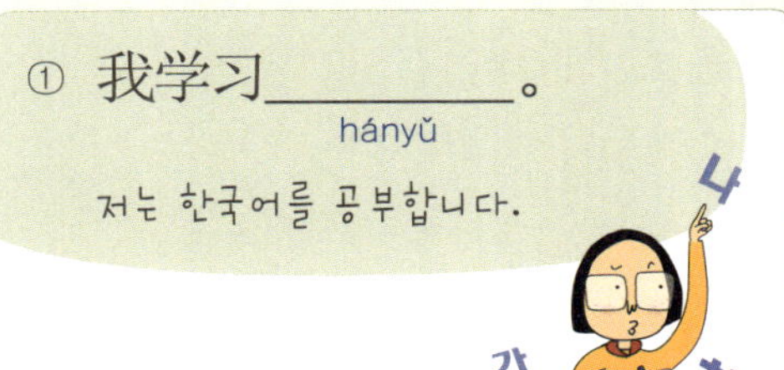

3. 아래 단어들을 잘 배열하여 문장을 만드세요.

① 韩语   学   我   一年   学   了

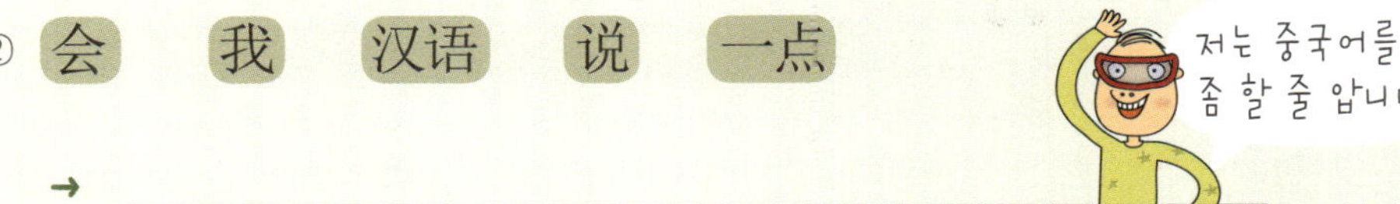

→ ＿＿＿＿＿＿＿＿＿＿＿＿＿＿＿＿＿＿

② 会   我   汉语   说   一点

→ ＿＿＿＿＿＿＿＿＿＿＿＿＿＿＿＿＿＿

정답

1. ① hànyǔ   ② hányǔ
2. ① 韩语   ② 汉语
3. ① 我学韩语学了一年。   ② 我会说一点汉语。

Běijīng　bèijǐng

Běijīng

北京

베이징

Wǒ qù Běijīng
我去北京。
저는 베이징에 갑니다.

Wǒ yào qù Běijīng
我要去北京。
저는 베이징에 가려고 합니다.

Wǒ xiǎng qù Běijīng
我想去北京。
저는 베이징에 가고 싶습니다.

Nǐ qù Běijīng ma
你去北京吗?
당신은 베이징에 갑니까?

bèijǐng

背景
배경

★ *Zhàopiàn de bèijǐng shì xuéxiào*

照片的背景是学校。

사진의 배경은 학교입니다.

★ *Zhè zhàopiàn də bèijǐng tǐng hǎo de*

这照片的背景挺好的。

이 사진의 배경은 너무 좋습니다.

★ *Pāi nǎge bèijǐng zhàopiàn*

拍哪个背景照片?

어떤 배경으로 사진 찍어요?

★ *Yòng Běijīng zhàn zhè sān ge zì dāng bèijǐng ba*

用北京站这三个字当背景吧。

베이징역 이 서 글자를 이용해서 배경으로 하자.

▪	照片	zhàopiàn	사진
▪	学校	xuéxiào	학교
▪	拍	pāi	찍다
▪	当	dāng	~이 되다, ~으로 하다

대화문을 통해서 두 단어를 활용해 봅시다.

 他的爸爸做什么?
Tā de bàba zuò shénme

 我不知道，但他的爸爸有很多钱。
Wǒ bù zhīdào dàn tā de bàba yǒu hěn duō qián

 真的吗?
Zhēn de ma

 他要去北京留学。
Tā yào qù Běijīng liúxué

 原来是这样!
Yuánlái shì zhèyàng

 他有爸爸的背景。
Tā yǒu bàba de bèijǐng

중국의 도시

★ **天津**　Tiānjīn
톈진(천진)

★ **上海**　Shànghǎi
상하이(상해)

★ **重庆**　Chóngqìng
충칭(중칭)

★ **南京**　Nánjīng
난징(남경)

★ **杭州**　Hángzhōu
항저우(항주)

★ **深圳**　Shēnzhèn
선전(심천)

▪ 留学　liúxué　유학

▶ 그의 아버지는 무슨 일을 하죠?
▶ 몰라요, 그러나 그의 아버지는 돈이 많아요.
▶ 정말요?
▶ 그는 베이징에 유학을 가려고 해요.
▶ 그런 거군요!
▶ 그는 아버지의 배경이 있어요.

综合练习 연습문제

1. 아래 한자에 한어병음을 쓰고 읽어보세요.

　① 北京　＿＿＿＿＿＿＿＿＿

　② 背景　＿＿＿＿＿＿＿＿＿

2. 다음 병음을 제시한 빈칸에 한자를 써넣으세요.

3. 아래 단어들을 잘 배열하여 문장을 만드세요.

　① 北京　想　去　我

　→ ＿＿＿＿＿＿＿＿＿＿＿＿

　② 照片　挺好的　这　的　背景

　→ ＿＿＿＿＿＿＿＿＿＿＿＿

정답

1. ① Běijīng　② bèijǐng
2. ① 北京　② 背景
3. ① 我想去北京。　② 这照片的背景挺好的。

같은 발음 다른 성조

màoyì   máoyī

màoyì
贸易
무역

Wǒ zuò màoyì

★ 我做贸易。

저는 무역을 합니다.

Wǒ yào zuò màoyì

★ 我要做贸易。

저는 무역을 하려고 합니다.

Wǒ shì màoyì xì de xuésheng

★ 我是贸易系的学生。

저는 무역학과의 학생입니다.

Wǒ de zhuānyè shì màoyì xì

★ 我的专业是贸易系。

제 전공은 무역학과입니다.

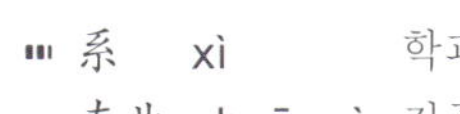

- 系　xì　학과
- 专业 zhuānyè 전공

Zhè shì máoyī
★ 这是毛衣。

이것은 스웨터입니다.

Zhè búshì máoyī
★ 这不是毛衣。

이것은 스웨터가 아닙니다.

Zhè jiàn máoyī hěn guì
★ 这件毛衣很贵。

이 스웨터는 비쌉니다.

Zhè jiàn máoyī bú dà yě bù xiǎo
★ 这件毛衣不大也不小。

이 스웨터는 크지도 작지도 않습니다.

 你的专业是什么?
Nǐ de zhuānyè shì shénme

 我的专业是贸易。
Wǒ de zhuānyè shì màoyì

 真的吗? 我要做贸易。
Zhēn de ma? Wǒ yào zuò màoyì

 你要做什么方面的贸易?
Nǐ yào zuò shénme fāngmiàn de màoyì

 我要做衣服方面的贸易。
Wǒ yào zuò yīfu fāngmiàn de màoyì

 这就包括毛衣、衬衫, 是吧?
Zhè jiù bāokuò máoyī   chènshān shì ba

▪ 方面 fāngmiàn　분야
▪ 衬衫 chènshān　와이셔츠

전공학과

★ **韩语系**　hányǔxì
한국어과

★ **中文系**　zhōngwénxì
중국어과

★ **经营学系** jīngyíng xuéxì
경영학과

★ **经济学系** jīngjì xuéxì
경제학과

★ **会计学系** kuaiji xuéxì
회계학과

★ **国际贸易学系**
guójì màoyì xuéxì
국제무역학과

★ **观光学系**
guānguāng xuéxì
관광학과

▶ 당신의 전공은 무엇입니까?
▶ 저의 전공은 무역입니다.
▶ 정말이요? 저는 무역을 하려고 합니다.
▶ 당신은 어떤 분야의 무역을 하려고 합니까?
▶ 저는 옷 종류의 무역을 하려고 합니다.
▶ 바로 스웨터, 와이셔츠를 포함하는 거죠?

综合练习 연습문제

1. 아래 한자에 한어병음을 쓰고 읽어보세요.

① 贸易　　　____________

② 毛衣　　　____________

2. 다음 병음을 제시한 빈칸에 한자를 써넣으세요.

3. 아래 단어들을 잘 배열하여 문장을 만드세요.

① 专业　我　的　贸易系　是

→ ____________________________

② 毛衣　不大　件　这　不小　也

→ ____________________________

정답
1. ① màoyì　　② máoyī
2. ① 贸易　　② 毛衣
3. ① 我的专业是贸易系。　② 这件毛衣不大也不小。

hǎoma

hàomǎ

hǎoma

好吗

좋아요? 어때요?

Nǐ hǎo ma
⭐ 你**好吗**?
잘 지냈어요?

Wǒmen yìqǐ chīfàn, hǎo ma
⭐ 我们一起吃饭, **好吗**?
우리 같이 밥 먹어요, 어때요?

Jīntiān wǒmen jiànmiàn, hǎo ma
⭐ 今天我们见面, **好吗**?
오늘 우리 만나요, 어때요?

Wǒ yòng yíxià nǐ de shǒujī, hǎo ma
⭐ 我用一下你的手机, **好吗**?
제가 당신의 핸드폰을 써도 될까요, 어때요?

hàomǎ

号码

번호

Nǐ de diànhuà hàomǎ shì duōshao

★ **你的电话号码是多少?**

당신의 전화번호는 무엇입니까?

Nǐ zhīdào tā de diànhuà hàomǎ ma

★ **你知道他的电话号码吗?**

당신은 그의 전화번호를 아세요?

Wǒ xiǎng zhīdào nǐ de diànhuà hàomǎ

★ **我想知道你的电话号码。**

저는 당신의 전화번호를 알고 싶습니다.

Wǒ gǎile wǒ de diànhuà hàomǎ

★ **我改了我的电话号码。**

저는 전화번호를 바꿨습니다.

 你知道他的电话号码吗?
Nǐ zhīdào tā de diànhuà hàomǎ ma

 我知道他的电话号码。
Wǒ zhīdào tā de diànhuà hàomǎ

 你告诉我, 好吗?
Nǐ gàosu wǒ　　hǎo ma

 没问题! 你有笔吗?
Méiwèntí　　Nǐ yǒu bǐ ma

 我有笔。请说。
Wǒ yǒu bǐ　　Qǐng shuō

숫자 1~10

★	0	零	líng
	1	一	yī
	2	二	èr
	3	三	sān
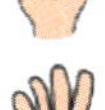	4	四	sì
	5	五	wǔ
	6	六	liù
	7	七	qī
	8	八	bā
	9	九	jiǔ
	10	十	shí

▶ 그의 전화번호 알아요?
▶ 저는 그의 전화번호를 알아요.
▶ 알려주세요, 네?
▶ 문제없어요, 펜 있어요?
▶ 펜 있어요. 말씀해 주세요.

综合练习 연습문제

1. 아래 한자에 한어병음을 쓰고 읽어보세요.

① 好吗　　　＿＿＿＿＿＿＿＿

② 号码　　　＿＿＿＿＿＿＿＿

2. 다음 병음을 제시한 빈칸에 한자를 써넣으세요.

3. 아래 단어들을 잘 배열하여 문장을 만드세요.

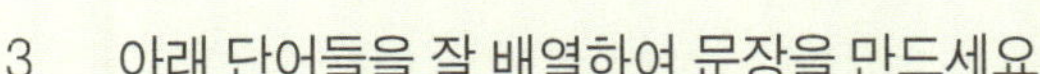

① 你的　手机　一下　好吗　用　我

→ ＿＿＿＿＿＿＿＿＿＿＿＿＿＿＿＿

② 我的　改了　电话号码　我

→ ＿＿＿＿＿＿＿＿＿＿＿＿＿＿＿＿

정답

1. ① hǎo ma　　　② hàomǎ
2. ① 好吗　　　② 号码
3. ① 我用一下你的手机, 好吗?　② 我改了我的电话号码。

05

qīshí　qíshí

qīshí
七十
70, 칠십

Wǒ qīshí suì
★ 我七十岁。
저는 칠십 살입니다.

Wǒ qīshí suì le
★ 我七十岁了。
저는 칠십 살이 되었습니다.

Zhège shì qīshí kuài qián
★ 这个是七十块钱。
이것은 70위안입니다.

Qīshí kuài qián hěn piányi de
★ 七十块钱很便宜的。
70위안은 매우 싼 것입니다.

■ 便宜　piányi　싸다

qíshí
其实
사실

Qíshí wǒ shì hǎorén
⭐ **其实**我是好人。
사실 저는 좋은 사람입니다.

Qíshí wǒ shì Hánguó rén
⭐ **其实**我是韩国人。
사실은 저는 한국인입니다.

Qíshí wǒ búshì Zhōngguó rén
⭐ **其实**我不是中国人。
사실은 저는 중국인이 아닙니다.

Qíshí wǒ zhēnde ài nǐ
⭐ **其实**我真的爱你。
사실은 저는 정말로 당신을 사랑합니다.

您今年多大年纪了?
Nín jīnnián duōdà niánjì le

我今年七十岁了。
Wǒ jīnnián qīshí suì le

您显得很年轻。
Nín xiǎn de hěn niánqīng

你太夸张了。你是从哪儿来的?
Nǐ tài kuāzhāng le　　Nǐ shì cóng nǎr lái de

我从北京来的。您是中国人吧?
Wǒ cóng Běijīng lái de　　Nín shì Zhōngguórén ba

其实我是韩国人。
Qíshí wǒ shì Hánguórén

★	二十	èrshí	20, 이십
★	三十	sānshí	30, 삼십
★	四十	sìshí	40, 사십
★	五十	wǔshí	50, 오십
★	六十	liùshí	60, 육십
★	七十	qīshí	70, 칠십
★	八十	bāshí	80, 팔십
★	九十	jiǔshí	90, 구십
★	一百	yìbǎi	100, 백
★	一千	yìqiān	1000, 천
★	一万	yíwàn	10,000, 만
★	一十万	yīshíwàn	100,000, 십만
★	一百万	yìbǎiwàn	1,000,000, 백만
★	一千万	yīqiānwàn	10,000,000, 천만
★	一亿	yīyì	100,000,000, 일억
★	十亿	shíyì	1,000,000,000, 십억

- 年轻 niánqīng 젊다
- 夸张 kuāzhāng 과장하다

▶ 연세가 어떻게 되셨나요?
▶ 올해 70세가 되었습니다.
▶ 당신은 젊어 보이세요.
▶ 과장이십니다. 어디에서 오셨죠?
▶ 베이징에서 왔습니다. 중국인이시죠?
▶ 사실 저는 한국인입니다.

综合练习 연습문제

1. 아래 한자에 한어병음을 쓰고 읽어보세요.

① 七十 ____________

② 其实 ____________

2. 다음 병음을 제시한 빈칸에 한자를 써넣으세요.

① 我 ______ 岁了。
qīshí

저는 70살입니다.

② ______ 我是韩国人。
qíshí

사실 저는 한국인입니다.

3. 아래 단어들을 잘 배열하여 문장을 만드세요.

① 是　这　个　块　钱　七十

→ ____________________

② 中国人　我　不　是　其实

→ ____________________

정답

1. ① qīshí　② qíshí
2. ① 七十　② 其实
3. ① 这个是七十块钱。　② 其实我不是中国人。

06

jiǔshí　jiùshì

jiǔshí
九十
90, 구십

Tā jiǔshí suì
他九十岁。
그는 90세이다.

Tā jiǔshí suì le
他九十岁了。
그는 90세가 되었다.

Wǒ yǒu jiǔshí kuài qián
我有九十块钱。
나는 90위안이 있다.

Jiǔshí kuài qián hěn guì de
九十块钱很贵的。
90위안은 매우 비싸다.

jiùshì
就是
바로, 그렇다

Wǒ jiùshì
我就是。
바로 저입니다.

Zhè jiùshì wǒ de
这就是我的。
이것은 바로 제 것입니다.

Zhè jiùshì nǐ de ma
这就是你的吗?
이것이 바로 당신의 것입니까?

Wǒ zuì xǐhuan de rén jiùshì nǐ
我最喜欢的人就是你。
내가 가장 좋아하는 사람은 바로 당신입니다.

ııı 喜欢 xǐhuan　　　좋아하다

你的爷爷今年多大年纪了?
Nǐ de yéye jīnnián duōdà niánjì le

我的爷爷今年九十岁了。
Wǒ de yéye jīnnián jiǔshí suì le

他身体怎么样?
Tā shēntǐ zěnmeyàng

他身体很好。
Tā shēntǐ hěn hǎo

你最喜欢谁?
Nǐ zuì xǐhuan sheí

我最喜欢的人就是我的爷爷。
Wǒ zuì xǐhuan de rén jiùshì wǒ de yéye

■ 爷爷 yéye　　할아버지
■ 身体 shēntǐ　건강, 신체

▶ 당신 할아버지는 올해 연세가 어떻게 되셨어요?
▶ 제 할아버지는 올해 연세가 90세가 되셨어요.
▶ 건강은 어떠세요?
▶ 그는 건강하세요.

▶ 당신은 누구를 가장 좋아합니까?
▶ 저는 제 할아버지를 가장 좋아합니다.

就의 여러 가지 용법

1. 앞뒤 연관관계
★ 你吃完饭就出来吧。
Nǐ chī wán fàn jiù chūlái ba
밥을 다 먹고 나서 나오세요.

2. 조건문에서 결과
★ 他一看就喜欢。
Tā yí kàn jiù xǐhuan
그는 보기만 하면 좋아한다.

3. '조금, 단지'라는 의미
★ 我就学习中文,
其他语言都不懂。
Wǒ jiù xuéxí zhōngwén ,
qítā yǔyán dōu bù dǒng
나는 중국어만 배워서,
다른 언어는 모른다.

4. 어떤 상황이 곧 발생함
★ 要下雪了，路就要滑了。
Yào xiàxuě le, lù jiù yào huá le
눈이 내리려고 하는데,
길이 곧 미끄러울 것이다.

5. 강조
★ 努力就是成功。
Nǔlì jiùshì chénggōng
노력은 바로 성공이다.

1. 아래 한자에 한어병음을 쓰고 읽어보세요.

① 九十　＿＿＿＿＿＿＿＿＿

② 就是　＿＿＿＿＿＿＿＿＿

2. 다음 병음을 제시한 빈칸에 한자를 써넣으세요.

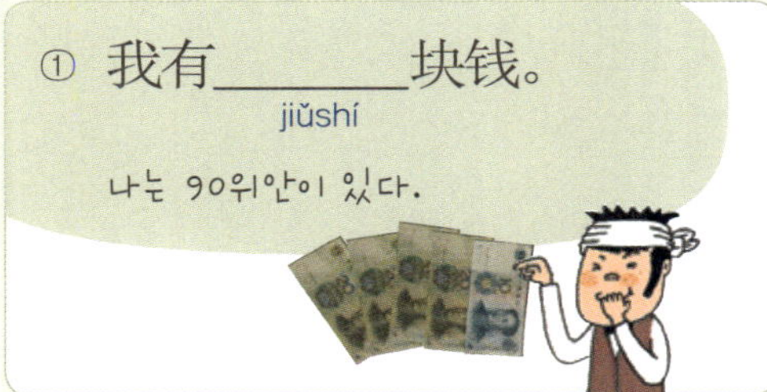

3. 아래 단어들을 잘 배열하여 문장을 만드세요.

① 很　块钱　贵　的　九十

→ ＿＿＿＿＿＿＿＿＿＿＿＿＿＿＿＿＿＿＿＿

② 吗　你的　就是　这

→ ＿＿＿＿＿＿＿＿＿＿＿＿＿＿＿＿＿＿＿＿

정답

1. ① jiǔshí　　② jiùshì
2. ① 九十　　② 就是
3. ① 九十块钱很贵的。　② 这就是你的吗?

jiǔdiǎn jiǔdiàn

jiǔdiǎn
九点
9시

Xiànzài jiǔ diǎn
★ 现在**九点**。
현재 9시입니다.

Xiànzài jiǔ diǎn ma
★ 现在**九点**吗?
현재 9시입니까?

Chà wǔ fēn jiǔ diǎn
★ 差五分**九点**。
5분 전 9시입니다.

Wǒmen jiǔ diǎn jiànmiàn ba
★ 我们**九点**见面吧。
우리 9시에 만납시다.

▥ 差　　chà　　차이가 나다

jiǔdiàn
酒店
호텔

★ **你住在哪家酒店?**
Nǐ zhù zài nǎ jiā jiǔdiàn
당신은 어느 호텔에 묵습니까?

★ **我住在北京酒店。**
Wǒ zhù zài Běijīng jiǔdiàn
저는 베이징호텔에 묵습니다.

★ **酒店的服务怎么样?**
Jiǔdiàn de fúwù zěnmeyàng
호텔의 서비스는 어때요?

★ **这家酒店住一天多少钱?**
Zhè jiā jiǔdiàn zhù yìtiān duōshao qián
이 호텔 하루에 얼마에요?

ᴹ 服务　fúwù　서비스

TRACK 023

 我们在哪里见面?
Wǒmen zài nǎli jiànmiàn

 我们在北京酒店见面吧。
Wǒmen zài Běijīng jiǔdiàn jiànmiàn ba

 什么时候见面?
Shénme shíhou jiànmiàn

 九点怎么样?
Jiǔ diǎn zěnmeyàng

 太好了。
Tài hǎo le

 不见不散!
Bújiàn búsàn

숙박시설

★ 饭店　　fàndiàn
호텔

★ 宾馆　　bīnguǎn
호텔

★ 旅馆　　lǚguǎn
여관

★ 汽车旅馆　qìchē lǚguǎn
모텔

★ 招待所　zhāodàisuǒ
호스텔

▥ 不见不散　Bújiàn búsàn
올 때까지 기다린다

▶ 우리 어디에서 만날까?
▶ 베이징호텔에서 만나자.
▶ 언제 만날까?
▶ 9시 어때?
▶ 좋아.
▶ 올 때까지 기다린다.

综合练习 연습문제

1. 아래 한자에 한어병음을 쓰고 읽어보세요.

① 九点　　　________________

② 酒店　　　________________

2. 다음 병음을 제시한 빈칸에 한자를 써넣으세요.

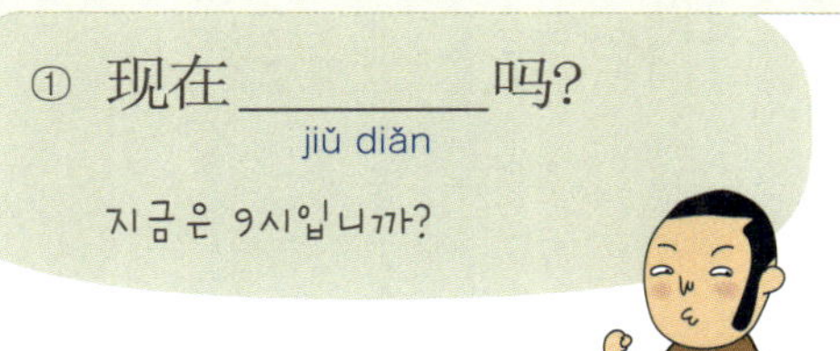

3. 아래 단어들을 잘 배열하여 문장을 만드세요.

① 吧　　见面　　九点　　我们

→ ____________________________

② 酒店　　多少钱　　一天　　这家　　住

→ ____________________________

정 답

1. ① jiǔ diǎn　　　② jiǔdiàn
2. ① 九点　　　② 酒店
3. ① 我们九点见面吧。　　② 这家酒店住一天多少钱?

같은 발음

다른 성조

TRACK 025

xiǎoshí

xiǎoshì

xiǎoshí

小时

시간

Nǐ gōngzuò jǐge xiǎoshí

★ 你工作几个 小时?

당신은 몇 시간 일하세요?

Wǒmen gōngsī gōngzuò bāge xiǎoshí

★ 我们公司工作八个 小时。

저희 회사는 8시간 일해요.

Nǐ shuì jǐge xiǎoshí jiào

★ 你睡几个 小时 觉?

당신은 몇 시간 주무시나요?

Wǒ zuò dìtiě xūyào bànge xiǎoshí

★ 我坐地铁需要半个 小时。

저는 전철을 타고 30분 가야합니다.

▥ 需要　xūyào　필요로 하다

xiǎoshì
小事
작은 일

Zhè jiàn shì shì xiǎoshì

⭐ 这件事是小事。

이것은 작은 일입니다.

Bié jìjiào xiǎoshì

⭐ 别计较小事。

사소한 일로 따지지 마라.

Méiyou nǐ, dōushì xiǎoshì

⭐ 没有你, 都是小事。

네가 없으면 모두 작은 일이야.

Shìshàng chúle shēngsǐ, dōushì xiǎoshì

⭐ 世上除了生死, 都是小事。

세상에서 생사를 제외하고는 모두 작은 일이다.

▥ 计较　jìjiào　따지다

대화문을 통해서 두 단어를 활용해 봅시다.

 对不起, 我迟到了。
Duìbuqǐ　　　wǒ chídào le

 没关系。这件事是小事。
Méiguānxi　　Zhè jiàn shì shì xiǎoshì

 你昨天睡了几个小时觉?
Nǐ zuótiān shuìle jǐge xiǎoshí jiào

 我昨天睡了五个小时。
Wǒ zuótiān shuìle wǔge xiǎoshí

 只睡了五个小时, 你很累吧。
Zhǐ shuìle wǔge xiǎoshí　　nǐ hěn lèi ba

 每天睡五个小时, 已经习惯了。
Měitiān shuì wǔge xiǎoshí　　yǐjīng xíguàn le

▶ 죄송합니다, 제가 늦었습니다.
▶ 괜찮습니다. 이 일은 작은 일입니다.
▶ 당신은 어제 몇 시간 주무셨나요?
▶ 저는 어제 5시간 잤어요.
▶ 겨우 5시간이요? 피곤하겠네요.
▶ 매일 5시간 자요, 이미 습관이 됐어요.

时间/小时/点의 차이점

时间와 小时은 모두 명사로 **시간**이라는 뜻이고, **点**은 양사로 **~시**라는 뜻이다.

时间

时间은 기점과 종점이 있는 일정한 시간을 나타내는데 가리키는 바가 이미 확정된 시간이고, 보통 앞에 구체적인 특징을 나타내는 수식어가 오며 숫자는 올 수 없다.

★ 他浪费了很多时间。
　 Tā làngfèile hěn duō shíjiān
　 그는 많은 시간을 낭비했다.

★ 不要忘了集合的时间。
　 Búyào wàngle jíhé de shíjiān
　 집합하는 시간을 잊지 말아라.

小时

小时은 구체적인 시간의 길이를 나타낸다. 그래서 앞에는 숫자가 온다.

★ 每天工作八个小时。
　 Měitiān gōngzuò bāge xiǎoshí
　 매일 8시간 일을 한다.

点

点은 구체적으로 **몇 시**라고 할 때 쓰는 양사이다.

★ 你们公司几点上班?
　 Nǐmen gōngsī jǐ diǎn shàngbān
　 너희 회사는 몇 시에 출근해?

综合练习 연습문제

1. 아래 한자에 한어병음을 쓰고 읽어보세요.

① 小时　＿＿＿＿＿＿＿＿

② 小事　＿＿＿＿＿＿＿＿

2. 다음 병음을 제시한 빈칸에 한자를 써넣으세요.

① 你工作几个＿＿＿＿＿？
xiǎoshí

당신은 몇 시간 일하세요?

② 这件事是＿＿＿＿＿。
xiǎoshì

이것은 작은 일입니다.

3. 아래 단어들을 잘 배열하여 문장을 만드세요.

① 我　半个小时　地铁　需要　坐

→ ＿＿＿＿＿＿＿＿＿＿＿＿＿＿＿＿

② 生死　世上　小事　除了　都是

→ ＿＿＿＿＿＿＿＿＿＿＿＿＿＿＿＿

정답

1.　① xiǎoshí　　② xiǎoshì
2.　① 小时　　② 小事
3.　① 我坐地铁需要半个小时。　② 世上除了生死, 都是小事。

같은 발음

다른 성조

TRACK 028

shíjiān   shìjiàn

shíjiān

时间

시간

Nǐ yǒu shíjiān ma
★ 你有时间吗?
시간 있으세요?

Wǒ yǒu de shì shíjiān
★ 我有的是时间。
저는 시간 밖에 없습니다.

Nǐ xià ge xīngqīwǔ yǒu shíjiān ma
★ 你下个星期五有时间吗?
다음 주 금요일에 시간 있나요?

Yǒu shíjiān jiù méiyou qián,
★ 有时间就没有钱,
yǒu qián jiù méiyou shíjiān
有钱就没有时间。
시간이 있으면 돈이 없고, 돈이 있으면 시간이 없습니다.

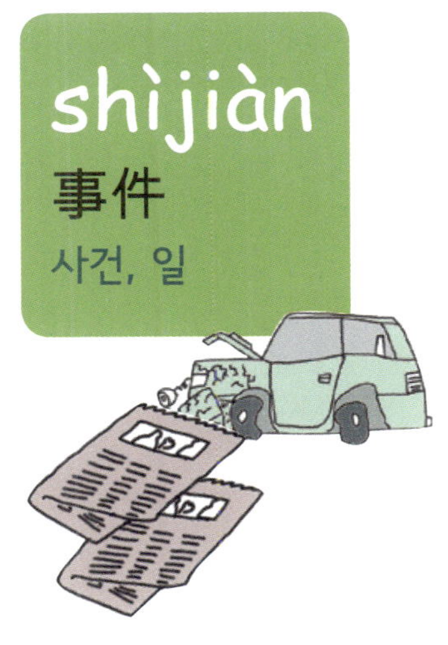

shìjiàn
事件
사건, 일

★ *Zhè shìjiàn wǒ wàngbuliǎo*

这**事件**我忘不了。
저는 이 일을 잊을 수 없습니다.

★ *Jīntiān zǎoshang fāshēngle hěn dà de shìjiàn*

今天早上发生了很大的**事件**。
오늘 아침에 큰 사건이 발생했다.

★ *Jīntiān yǒule zuì dà de shìjiàn*

今天有了最大的**事件**。
오늘 가장 큰 사건이 생겼다.

★ *Nà shìjiàn dēng zài tóubǎn ne*

那**事件**登在头版呢。
그 사건은 일면에 났어요.

▥ 头版　　tóubǎn （신문 등의）1면, 첫 면

你今天晚上有时间?
Nǐ jīntiān wǎnshang yǒu shíjiān

我有的是时间。
Wǒ yǒu de shì shíjiān

那我们下班后见面吧。
Nà wǒmen xiàbān hòu jiànmiàn ba

一会儿见。
Yíhuìr jiàn

你还记得那时候的那事件?
Nǐ hái jìde nà shíhou de nà shìjiàn

当然还记得。
Dāngrán hái jìde

▶ 오늘 저녁에 시간 있어요?
▶ 저는 있는 건 시간뿐이에요.
▶ 그러면 우리 퇴근 후에 만나요.
▶ 좀 있다 봐요.

▶ 그때 그 사건 아직 기억해요?
▶ 당연히 아직 기억하죠.

요일

★ 星期　　xīngqī
요일

★ 礼拜　　lǐbài
요일

★ 星期一　xīngqīyī
월요일

★ 星期二　xīngqī'èr
화요일

★ 星期三　xīngqīsān
수요일

★ 星期四　xīngqīsì
목요일

★ 星期五　xīngqīwǔ
금요일

★ 星期六　xīngqīliù
토요일

★ 星期天　xīngqītiān
일요일

★ 周末　　zhōumò
주말

1. 아래 한자에 한어병음을 쓰고 읽어보세요.

① 时间 ＿＿＿＿＿＿＿＿＿

② 事件 ＿＿＿＿＿＿＿＿＿

2. 다음 병음을 제시한 빈칸에 한자를 써넣으세요.

3. 아래 단어들을 잘 배열하여 문장을 만드세요.

① 下个 有 你 星期五 吗 时间

→ ＿＿＿＿＿＿＿＿＿＿＿＿＿＿＿＿＿

② 那 头版 登 事件 呢 在

→ ＿＿＿＿＿＿＿＿＿＿＿＿＿＿＿＿＿

정답

1. ① shíjiān   ② shìjiàn
2. ① 时间   ② 事件
3. ① 你下个星期五有时间吗?   ② 那事件登在头版呢。

shàngwǔ

shāngwù

shàngwǔ
上午
오전

Nǐ shàngwǔ yǒu shíjiān ma
你**上午**有时间吗?
당신은 오전에 시간 있어요?

Wǒ shàngwǔ yǒu shíjiān
我**上午**有时间。
저는 오전에 시간 있어요.

Nǐ shàngwǔ yǒu shíjiān háishì xiàwǔ yǒu shíjiān
你**上午**有时间还是下午有时间?
당신은 오전에 아니면 오후에 시간 있나요?

Wǒmen shàngwǔ shí diǎn kāishǐ huìyì ba
我们**上午**十点开始会议吧。
우리 오전 10시에 회의를 시작합시다.

shāngwù

商务

비즈니스

Nǐ xué shāngwù zhōngwén ma

你学商务中文吗？

당신은 비즈니스 중국어를 배우나요?

Wǒ hái méi xué shāngwù zhōngwén

我还没学商务中文。

저는 아직 비즈니스 중국어를 배우지 않았어요.

Wǒmen yìqǐ xuéxí shāngwù zhōngwén ba

我们一起学习商务中文吧。

우리 같이 비즈니스 중국어를 배워요.

Nǐ juéde xué shāngwù zhōngwén nánbunán

你觉得学商务中文难不难？

당신은 비즈니스 중국어를 배우는 것이 어렵나요？

 我们在哪里见面？
Wǒmen zài nǎli jiànmiàn

 我们在大厅的商务中心见面吧。
Wǒmen zài dàtīng de shāngwù zhōngxīn jiànmiàn ba

 没问题! 几点见面？
Méiwèntí　　Jǐ diǎn jiànmiàn

 上午九点怎么样？
Shàngwǔ jiǔ diǎn zěnmeyàng

 一言为定。
Yìyán wéidìng

 不见不散。
Bújiàn búsàn

一言为定 yìyán wéidìng　그렇게 정하다

▶ 우리 어디에서 만나요?
▶ 로비에 있는 비즈니스센터에서 만나요.
▶ 문제 없어요! 몇 시에 만날까요?
▶ 오전 9시 어때요?
▶ 그렇게 정해요.
▶ 올 때까지 기다릴게요.

때와 시간

★ 早上　zǎoshang　아침
★ 早晨　zǎochén　새벽
★ 上午　shàngwǔ　오전
★ 中午　zhōngwǔ　점심
★ 下午　xiàwǔ　오후
★ 晚上　wǎnshang　저녁
★ 今天　jīntiān　오늘
★ 昨天　zuótiān　어제
★ 前天　qiántiān　그저께
★ 大前天　dà qiántiān　그그저께
★ 明天　míngtiān　내일
★ 后天　hòutiān　모레
★ 大后天　dà hòutiān　내일모레
★ 今年　jīnnián　올해
★ 去年　qùnián　작년
★ 前年　qiánnián　재작년
★ 大前年　dà qiánnián　재재작년
★ 明年　míngnián　내년
★ 后年　hòunián　후년
★ 大后年　dà hòunián　내후년

1. 아래 한자에 한어병음을 쓰고 읽어보세요.

① 上午　　＿＿＿＿＿＿＿＿＿

② 商务　　＿＿＿＿＿＿＿＿＿

2. 다음 병음을 제시한 빈칸에 한자를 써넣으세요.

① 你 ＿＿＿＿＿＿有时间吗?
shàngwǔ

② 你学＿＿＿＿＿＿中文吗?
shāngwù

3. 아래 단어들을 잘 배열하여 문장을 만드세요.

① 上午　我们　开始　吧　十点　会议

→ ＿＿＿＿＿＿＿＿＿＿＿＿＿＿＿＿＿＿＿＿

② 商务　你　难不难　觉得　学　中文

→ ＿＿＿＿＿＿＿＿＿＿＿＿＿＿＿＿＿＿＿＿

정답

1. ① shàngwǔ　　② shāngwù
2. ① 上午　　② 商务
3. ① 我们上午十点开始会议吧。　② 你觉得学商务中文难不难?

주점이 호텔이야?

지금은 한국에서 주점이라는 말 대신 술집이라고 하지만 예전에는 술집 간판에 주점이라고 써 있는 집이 많았다.

饭店과 酒店은 모두 호텔을 뜻하는 중국어야.

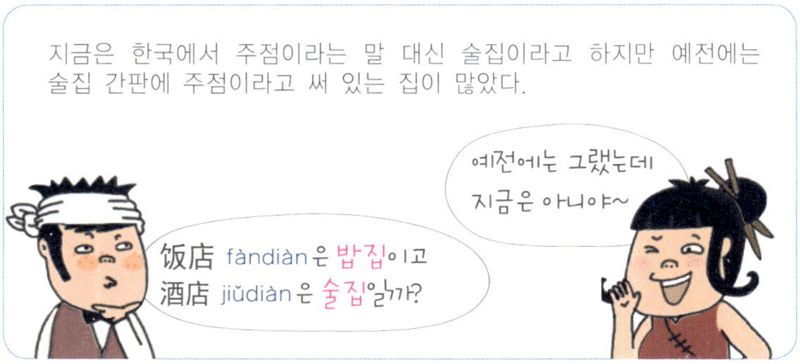

중국어로 호텔을 가리키는 단어,
饭店 fàndiàn,
酒店 jiǔdiàn,
宾馆 bīnguǎn에 대해 알아보면,
饭店은 여전히 가끔 식당으로 사용되는 경우도 있어.

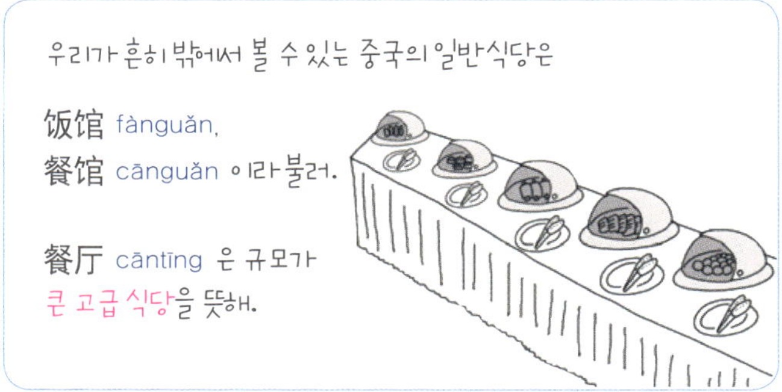

우리가 흔히 밖에서 볼 수 있는 중국의 일반식당은

饭馆 fànguǎn,
餐馆 cānguǎn 이라 불러.

餐厅 cāntīng 은 규모가 큰 고급 식당을 뜻해.

90년대 이후에 지어진 고급 호텔은 饭店보단 酒店이라고 부르는 경우가 더 많다. 酒店jiǔdiàn 역시 4, 5성급 호텔로, 饭店과 마찬가지로, 식당, 카페, 수영장, 연회장 등등 다양한 편의 시설을 갖추고 있으며, 연회장에서는 결혼식도 하고, 기자회견도 하고 큰 행사가 많이 열리고 있다.

반점이 호텔이야?

饭店
중국집
호텔
왕 짜장

거기 북경반점이죠?
짜장 1개 2인분 같은 1인분 주세요~
왕 짜장
여긴 호텔입니다. 뚜뚜뚜~
뭐야, 중국은 북경반점이 호텔인거야?

중국에서 반점이라는 의미는 오늘날처럼 발달하지 않았던 시절에
먼 길을 가는 사람들을 위해
밥과 술을 팔던 집들이 자연스럽게,
숙박업도 병행하게 되면서 이런 명칭이 생겨났어.

먹을 것을 귀하게 여겨온 중국인들의 사상에 따라,
개혁개방 이전의 호텔들은 대부분 饭店이라고 불렀어.
饭店이 밥집에서 호텔로 변화하게 된 것도,
중국인들의 문화와 사상이 그들의 언어에 그대로 반영된 경우야.
왕 짜장

11

zuòyè   zuóyè

---

zuòyè

作业

숙제, 과제

Wǒ zuò zuòyè

★ 我做**作业**。

나는 숙제를 한다.

Wǒ zài zuò zuòyè

★ 我在做**作业**。

나는 숙제를 하고 있다.

Nǐ zài zuò zuòyè a

★ 你在做**作业**啊?

당신은 숙제를 하고 있습니까?

Wǒ zài zuò zhuānyè zuòyè

★ 我在做专业**作业**。

나는 전공 과제를 하고 있다.

zuóyè
昨夜
어젯밤

Zuóyè tā méi lái
昨夜他没来。
어젯밤 그는 오지 않았다.

Zuóyè wǒ zuò zuòyè
昨夜我做作业。
어젯밤 나는 숙제를 했다.

Zuóyè xiàyǔ le
昨夜下雨了。
어젯밤에 비가 왔다.

Nǐ zuóyè gàn shénme le
你昨夜干什么了?
당신은 어젯밤에 무엇을 했나요?

你昨夜干什么了?
Nǐ zuóyè gàn shénme le

我昨夜做了作业。
Wǒ zuóyè zuòle zuòyè

什么作业?
Shénme zuòyè

专业作业。
Zhuānyè zuòyè

你今天有时间吗?
Nǐ jīntiān yǒu shíjiān ma

我今天没有时间。
Wǒ jīntiān méiyou shíjiān

고과목

- ★ 语文 yǔwén 국어
- ★ 外语 wàiyǔ 외국어
- ★ 文学 wénxué 문학
- ★ 数学 shùxué 수학
- ★ 物理 wùlǐ 물리
- ★ 化学 huàxué 화학
- ★ 生物 shēngwù 생물
- ★ 政治 zhèngzhì 정치
- ★ 历史 lìshǐ 역사
- ★ 地理 dìlǐ 지리
- ★ 音乐 yīnyuè 음악
- ★ 美术 měishù 미술
- ★ 体育 tǐyù 체육

▶ 너 어젯밤에 뭐 했어?
▶ 나는 어젯밤에 숙제했어.
▶ 무슨 숙제?
▶ 전공숙제
▶ 너 오늘 시간 있어?
▶ 나 오늘 시간 없어.

综合练习 연습문제

1. 아래 한자에 한어병음을 쓰고 읽어보세요.

① 作业 _______________

② 昨夜 _______________

2. 다음 병음을 제시한 빈칸에 한자를 써넣으세요.

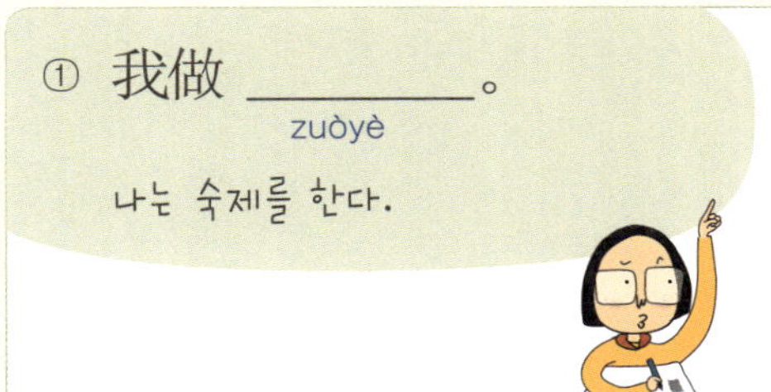

3. 아래 단어들을 잘 배열하여 문장을 만드세요.

① 在　专业　我　作业　做

→ _______________________________

② 什么　了　昨夜　你　干

→ _______________________________

정 답

1. ① zuòyè　　② zuóyè
2. ① 作业　　② 昨夜
3. ① 我在做专业作业。　② 你昨夜干什么了?

dàxué   dàxuě

Zhōngguó yǒu hěn duō dàxué

⭐ 中国有很多**大学**。

중국에는 많은 대학이 있다.

Nǐ shì Běijīng dàxué de xuésheng ma

⭐ 你是北京**大学**的学生吗?

당신은 베이징대학 학생입니까?

Wǒ búshì Běijīng dàxué de xuésheng

⭐ 我不是北京**大学**的学生。

저는 베이징대학 학생이 아닙니다.

Běijīng dàxué shì Zhōngguó de zuì hǎo de dàxué ma

⭐ 北京大学是中国的最好的**大学**吗?

베이징대학은 중국의 가장 좋은 대학입니까?

dàxuě

大雪

대설, 함박눈

Wàibiān xià dàxuě ma
外边下大雪吗？

바깥에는 함박눈이 내립니까?

Wàibiān zài xià dàxuě
外边在下大雪。

바깥에는 함박눈이 내리고 있습니다.

Nǐ xǐhuan dàxuě tiān ma
你喜欢大雪天吗？

당신은 함박눈 내리는 날을 좋아합니까?

Wǒ xǐhuan dàxuě tiān
我喜欢大雪天。

저는 함박눈 내리는 날을 좋아합니다.

대화문을 통해서 두 단어를 활용해 봅시다.

昨天下了很多大雪。
Zuótiān xiàle hěn duō dàxuě

怎么办? 今天我要去北京大学。
Zěnmebàn?　Jīntiān wǒ yào qù Běijīng dàxué

你还是坐地铁吧。
Nǐ háishì zuò dìtiě ba

坐公共汽车会堵车。
Zuò gōnggòngqìchē huì dǔchē

好, 坐地铁又方便又便宜。
Hǎo, zuò dìtiě yòu fāngbian yòu piányi

▥ 地铁　　dìtiě　　전철
▥ 堵车　　dǔchē　　차가 막히다
▥ 又~又~ yòu yòu　~하면서 ~하다

▶ 어제 많은 함박눈이 내렸어요.
▶ 어떡하죠? 오늘 베이징대학 가려고 하는데요.
▶ 전철을 타는 편이 낫겠어요.
　버스를 타면 막힐 거예요.
▶ 네, 전철을 타는 게 편리하면서도 싸죠.

계절과 날씨

★ 季节　jìjié　　계절
★ 春天　chūntiān　봄
★ 夏天　xiàtiān　여름
★ 秋天　qiūtiān　가을
★ 冬天　dōngtiān　겨울
★ 下雨　xiàyǔ　　비가 내리다
★ 下雪　xiàxuě　눈이 내리다
★ 热　　rè　　　덥다
★ 冷　　lěng　　춥다
★ 凉快　liángkuai　시원하다
★ 晴　　qíng　　맑다
★ 阴　　yīn　　흐리다
★ 刮风　guāfēng　바람이 불다
★ 暴雨　bàoyǔ　폭우
★ 梅雨　méiyǔ　장마
★ 细雨　xiyǔ　가랑비

1. 아래 한자에 한어병음을 쓰고 읽어보세요.

① 大学 ＿＿＿＿＿＿＿＿

② 大雪 ＿＿＿＿＿＿＿＿

2. 다음 병음을 제시한 빈칸에 한자를 써넣으세요.

① 中国有很多＿＿＿＿＿＿。
dàxué

중국에는 많은 대학이 있다.

② 外边在下＿＿＿＿＿＿＿。
dàxuě

바깥에는 함박눈이 내리고 있다.

3. 아래 단어들을 잘 배열하여 문장을 만드세요.

① 最好的　是　大学　吗　中国的　北京大学

→ ＿＿＿＿＿＿＿＿＿＿＿＿＿＿＿＿

② 喜欢　天　大雪　我

→ ＿＿＿＿＿＿＿＿＿＿＿＿＿＿＿＿

정답

1. ① dàxué　　② dàxuě

2. ① 大学　　② 大雪

3. ①北京大学是中国的最好的大学吗?　② 我喜欢大雪天。

13

niánjì niánjí

niánjì
年纪
나이, 연세

★ 你多大年纪?

당신은 나이가 어떻게 되세요?

★ 您多大年纪了?

당신은 연세가 어떻게 되셨어요?

★ 您今年多大年纪了?

당신은 올해 연세가 어떻게 되셨어요?

★ 您的哥哥多大年纪?

당신의 형은 나이가 어떻게 되세요?

niánjí

年级

학년

Nǐ jǐ niánjí

★ 你几年级？

너는 몇 학년이니?

Wǒ sān niánjí

★ 我三年级。

저는 3학년입니다.

Nǐ liù niánjí ma

★ 你六年级吗？

너는 6학년이니?

Wǒmen dōu wǔ niánjí

★ 我们都五年级。

저희는 모두 5학년입니다.

대화문을 통해서 두 단어를 활용해 봅시다.

 你爸爸多大年纪?
Nǐ bàba duōdà niánjì

 我爸爸四十五岁。
Wǒ bàba sìshíwǔ suì

 你几年级?
Nǐ jǐ niánjí

 我三年级。
Wǒ sān niánjí

 你有弟弟吗?
Nǐ yǒu dìdi ma

 我没有弟弟。
Wǒ méiyou dìdi

▶ 너의 아빠 나이가 어떻게 되시니?
▶ 저의 아빠는 45세입니다.
▶ 너 몇 학년이니?
▶ 저는 3학년입니다.
▶ 너 남동생 있니?
▶ 저는 남동생이 없습니다.

나이를 묻는 표현

★ 你几岁?
Nǐ jǐ suì

너 몇 살이니?
1-10사이의 숫자를 말할 때 几을 사용

★ 你几岁了?
Nǐ jǐ suì le

너 몇 살이 되었니?
명사 뒤에 了를 써서 새로운 상태의 출현

★ 你多大?
Nǐ duōdà

나이가 어떻게 되세요?
나보다 어리거나 비슷한 나이일 때

★ 你多大了?
Nǐ duōdà le

나이가 어떻게 됐어요?
나보다 어리거나 비슷한 나이일 때

★ 您多大年纪?
Nín duōdà niánjì

당신은 연세가 어떻게 되세요?
나보다 윗사람일 때

★ 您多大年纪了?
Nín duōdà niánjì le

당신은 연세가 어떻게 되셨어요?
나보다 윗사람일 때

1. 아래 한자에 한어병음을 쓰고 읽어보세요.

① 年纪　　　＿＿＿＿＿＿＿

② 年级　　　＿＿＿＿＿＿＿

2. 다음 병음을 제시한 빈칸에 한자를 써넣으세요.

3. 아래 단어들을 잘 배열하여 문장을 만드세요.

① 的　哥哥　您　年纪　多大

→ ＿＿＿＿＿＿＿＿＿＿＿＿＿

② 年级　都　五　我们

→ ＿＿＿＿＿＿＿＿＿＿＿＿＿

정답

1. ① niánjì　　　　② niánjí
2. ① 年纪　　　　　② 年级
3. ① 您的哥哥多大年纪?　② 我们都五年级。

dàjiā dǎjià

dàjiā

大家

여러분

Dàjiā hǎo

★ **大家**好!

여러분 안녕하세요!

Xièxie dàjiā

★ 谢谢 **大家**!

감사합니다. 여러분!

Dàjiā dōu hǎo ma

★ **大家**都好吗?

여러분 모두 안녕하세요?

Dàjiā ānjìng yíxia

★ **大家**安静一下。

여러분 좀 조용히 하세요.

◉ 安静　　ānjìng　　조용하다, 잠잠하다

Nǐ búyào dǎjià

★ 你不要打架。

당신 싸우지 가세요.

Dǎjià shì búduì de

★ 打架是不对的。

싸우는 것은 옳지 않은 것이다.

Nǐ búyào gēn tā dǎjià

★ 你不要跟他打架。

당신은 그와 싸우지 마세요.

Nǐ bù yīnggāi dǎjià

★ 你不应该打架。

당신은 싸우지 말아야 합니다.

 大家都好吗?
Dàjiā dōu hǎo ma

 我们都很好。
Wǒmen dōu hěn hǎo

 你们怎么了?
Nǐmen zěnme le

 她不听我们的。
Tā bù tīng wǒmen de

 打架是不对的。你不应该打架。
Dǎjià shì búduì de　　Nǐ bù yīnggāi dǎjià

 我错了。
Wǒ cuò le

싸움과 관련된 표현
吵架, 拉架

 **吵架**

★ 吵架
chǎojià

(말)싸움을 하다

★ 我说多少次，还吵架。
Wǒ shuō duōshao cì, hái chǎojià

내가 몇 번을 말했는데,
아직도 싸우니?

 **拉架**

★ 拉架
lājià

싸움을 말리다

★ 快去拉架吧。
Kuài qù lājià ba

빨리 가서 싸움을 말리자.

▶ 여러분 모두 안녕하세요?
▶ 우리 모두 잘 지내요.
▶ 너희들은 무슨 일 있니?
▶ 그녀가 우리의 말을 안 들어요.
▶ 싸우는 것은 옳지 않아. 싸우지 마라.
▶ 제가 잘못 했어요.

1. 아래 한자에 한어병음을 쓰고 읽어보세요.

① 大家　　　___________

② 打架　　　___________

2. 다음 병음을 제시한 빈칸에 한자를 써넣으세요.

3. 아래 단어들을 잘 배열하여 문장을 만드세요.

① 安静　大家　一下

→ _______________________

② 打架　你　不　应该

→ _______________________

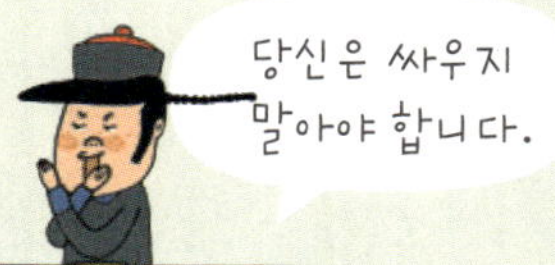

정답

1. ① dàjiā　　② dǎjià
2. ① 大家　　② 打架
3. ① 大家安静一下。　② 你不应该打架。

qīzi　qǐzi

qīzi
妻子
부인, 아내

☆ **Tā shì wǒ de qīzi**
她是我的**妻子**。
그녀는 제 아내입니다.

☆ **Wǒ ài wǒ de qīzi**
我爱我的**妻子**。
저는 제 아내를 사랑합니다.

☆ **Tā shì nǐ de qīzi ma**
她是你的**妻子**吗？
그녀는 당신의 아내인가요?

☆ **Nǐ de qīzi hěn piàoliang**
你的**妻子**很漂亮。
당신의 아내는 매우 아름답습니다.

Zhège shì qǐzi

☆ 这个是起子。

이것은 병따개입니다.

Zhège shì qǐzi ma

☆ 这个是起子吗?

이것은 병따개입니까?

Qǐng gěi wǒ qǐzi

☆ 请给我起子。

저에게 병따개를 주세요.

Ná lái qǐzi, hǎo ma

☆ 拿来起子，好吗?

병따개 주세요, 네?

我给你介绍我的妻子。
Wǒ gěi nǐ jièshào wǒ de qīzi

您好! 我是他的好朋友。
Nín hǎo Wǒ shì tā de hǎo péngyou

我们先点菜吧。
Wǒmen xiān diǎncài ba

服务员, 我们点菜。
Fúwùyuán   wǒmen diǎncài

我们先喝啤酒, 好吗?
Wǒmen xiān hē píjiǔ   hǎo ma

来两瓶啤酒, 请给我起子。
Lái liǎng píng píjiǔ   qǐng gěi wǒ qǐzi

가족 호칭

★	爷爷 yéye	할아버지
★	奶奶 nǎinai	할머니
★	父母 fùmǔ	부모
★	父亲 fùqīn	부친
★	母亲 mǔqīn	모친
★	叔叔 shūshu	삼촌
★	姨妈 yímā	이모
★	老公 lǎogōng	남편
★	老婆 lǎopo	부인
★	儿子 érzi	아들
★	女儿 nǚér	딸
★	孙子 sūnzi	손자
★	孙女 sūnnǚ	손녀
★	婆婆 pópo	시아버지
★	公公 gōnggong	시아버지
★	丈人 zhàngren	장인
★	丈母娘 zhàngmǔniáng	장모

▯ 啤酒 píjiǔ 맥주
▯ 点菜 diǎncài 주문하다

▶ 당신에게 제 아내를 소개합니다.
▶ 안녕하세요! 저는 그의 베프입니다.
  우리 먼저 주문하죠.
▶ 여기요, 저희 주문할게요.
▶ 우리 먼저 맥주를 마시는 게 어때요?
▶ 맥주 2병 주세요, 병따개도 주시구요.

综合练习 연습문제

1. 아래 한자에 한어병음을 쓰고 읽어보세요.

① 妻子 ＿＿＿＿＿＿＿＿

② 起子 ＿＿＿＿＿＿＿＿

2. 다음 병음을 제시한 빈칸에 한자를 써넣으세요.

3. 아래 단어들을 잘 배열하여 문장을 만드세요.

① 妻子　你　漂亮　的　很

→ ＿＿＿＿＿＿＿＿＿＿＿＿＿＿

② 起子　好吗　拿来

→ ＿＿＿＿＿＿＿＿＿＿＿＿＿＿

정답

1. ① qīzi　　② qǐzi
2. ① 妻子　　② 起子
3. ① 你的妻子很漂亮。　② 拿来起子, 好吗?

bēizi   bèizi

bēizi

杯子

잔, 컵

Zhège shì nǐ de bēizi ma

★ 这个是你的杯子吗?

이것은 당신의 컵인가요?

Bǎ nǐ de bēizi gěi wǒ

★ 把你的杯子给我。

당신의 컵을 제게 주세요.

Wǒ xiǎng mǎi nàge bēizi

★ 我想买那个杯子。

저는 그 컵을 사고 싶습니다.

Nǐ xǐhuan nǎge bēizi

★ 你喜欢哪个杯子?

당신은 어떤 컵을 좋아하시나요?

잔과 이불이 서로 연상이 되지 않는 단어인데,
기억을 할 때 잔이 평평한 것을 기억하여
I성을 상기하고,

이불을 덮기 위해서는 위에서 아래로
내려와야 하기 때문에 4성이라는 것을
기억한다면 기억에 많이 남지 않을까?

Zhè bèizi zěnme mài
★ 这被子怎么卖?
이 이불은 어떻게 팔아요?

Nǐ xiàtiān bú gài bèizi ma
★ 你夏天不盖被子吗?
당신은 여름에 이불을 안 덮습니까?

Dōngtiān bú gài bèizi huì gǎnmào
★ 冬天不盖被子会感冒。
겨울에 이불을 안 덮으면 감기 걸려요.

Nǐ mǎi de nà bèizi hěn piàoliang
★ 你买的那被子很漂亮。
당신이 산 그 이불은 예뻐요.

ııı 感冒 gǎnmào   감기(걸리다)

 这个杯子多少钱?
Zhège bēizi duōshao qián

 这个杯子十块钱。
Zhège bēizi shí kuài qián

 能不能便宜点儿?
Néngbunéng piányi diǎnr

 不能再便宜了。
Bù néng zài piányi le

 那这被子一起买能便宜吗?
Nà zhè bèizi yìqǐ mǎi néng piányi ma

 好啊!
Hǎo a

집 안 물건

★ 窗帘　chuānglián　커튼
★ 棚　　péng　　天장
★ 电扇　diànshàn　선풍기
★ 吸尘器　xīchénqì　진공청소기
★ 桌子　zhuōzǐ　탁자
★ 沙发　shāfā　소파
★ 书柜　shūguì　책장
★ 地板　dìbǎn　마루
★ 垫子　diànzǐ　매트
★ 挂钟　guàzhōng　벽시계
★ 垃圾箱　lājīxiāng　쓰레기통

▶ 이 잔은 얼마에요?
▶ 이 잔은 10위안입니다.
▶ 좀 싸게 해줄 수 없나요?
▶ 더 싸게 해줄 수가 없어요.
▶ 그러면 이 이불을 같이 사면 싸게 되나요?
▶ 좋아요!

1. 아래 한자에 한어병음을 쓰고 읽어보세요.

　① 杯子　　　________________

　② 被子　　　________________

2. 다음 병음을 제시한 빈칸에 한자를 써넣으세요.

3. 아래 단어들을 잘 배열하여 문장을 만드세요.

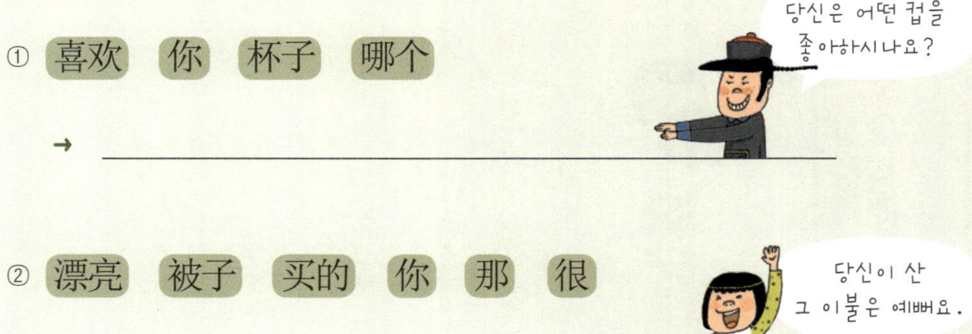

정 답

1. ① bēizi　　　② bèizi
2. ① 杯子　　　② 被子
3. ① 你喜欢哪个杯子?　　② 你买的那被子很漂亮。

17

liángkuai

liǎngkuài

---

liángkuai

凉快

시원하다

Jīntiān hěn liángkuai

⭐ 今天很凉快。

오늘 시원하다.

Zuìjìn tiānqi liángkuai

⭐ 最近天气凉快。

최근 날씨가 시원하다.

Tiānqi liángkuai duō le

⭐ 天气凉快多了。

날씨가 많이 시원해졌다.

Jīntiān bù lěng yě bú rè, jiùshì hěn liángkuai

⭐ 今天不冷也不热, 就是很凉快。

오늘은 춥지도 덥지도 않고, 바로 시원하다.

liǎngkuài

两块

2위안

Yì jīn liǎng kuài qián
一斤两块钱。
1근에 2위안입니다.

Wǒ zhǎo nǐ liǎng kuài
我找你两块。
당신에게 2위안 거슬러 줄게요.

Wǒ gěi nǐ liǎng kuài qián
我给你两块钱。
당신에게 2위안 드릴게요.

Liǎng kuài qián hěn piányi de
两块钱很便宜的。
2위안은 머우 싼 겁니다.

秋天来了, 很凉快。
Qiūtiān lái le   hěn liángkuai

是啊, 很凉快。
Shì a   hěn liángkuai

我们买水果, 好不好?
Wǒmen mǎi shuǐguǒ   hǎobuhǎo

老板, 苹果一斤怎么卖?
Lǎobǎn   píngguǒ yì jīn zěnme mài

苹果一斤两块。
Píngguǒ yì jīn liǎng kuài

▪ 水果 shuǐguǒ 과일

▶ 가을이 왔어, 시원해.
▶ 그러게, 시원하네.
▶ 우리 과일 사는 거 어때?
　사장님, 사과 1근에 어떻게 팔아요?
▶ 사과 1근에 2위안입니다.

가격표현

★ 不能再便宜了。
　Bù néng zài piányi le
　더 이상 깎아 줄 수 없다.

★ 讨价还价
　tǎojiàhuánjià
　흥정하다

★ 能不能便宜点儿?
　Néngbùnéng piányi diǎnr
　더 깎아 줄 수 있나요?

★ 这里不讲价。
　Zhèli bù jiǎngjià
　이곳은 정찰제이다.

★ 您用现金还是刷卡?
　Nín yòng xiànjīn háishì shuākǎ
　현금으로 하겠어요,
　아니면 신용카드로 하겠어요?

★ 收您一百块,
　Shōu nín yìbǎi kuài,
　100위안 받았습니다,

找您四十块。
zhǎo nín sìshí kuài
40위안 거슬러 드리겠습니다.

综合练习 연습문제

1. 아래 한자에 한어병음을 쓰고 읽어보세요.

① 凉快 _______________

② 两块 _______________

2. 다음 병음을 제시한 빈칸에 한자를 써넣으세요.

3. 아래 단어들을 잘 배열하여 문장을 만드세요.

① 多了　凉快　天气

→ _______________________________

② 便宜　很　的　两块　钱

→ _______________________________

정답

1. ① liángkuai　　② liǎng kuài
2. ① 凉快　　② 两块
3. ① 天气凉快多了。　　② 两块钱很便宜的。

18

xíguàn

xīguǎn

xíguàn
习惯
습관

Nǐ chī zhōngguó cài xíguàn ma
★ 你吃中国菜习惯吗?
당신은 중국요리에 적응이 됐어요?

Wǒ chī zhōngguó cài hái méi xíguàn
★ 我吃中国菜还没习惯。
저는 중국요리에 아직 적응이 안됐어요.

Wǒ hái bútài xíguàn
★ 我还不太习惯。
저는 그다지 적응이 안됐어요.

Mànman jiù xíguàn le
★ 慢慢就习惯了。
천천히 적응돼요.

◁ 慢慢 mànman　천천히

xīguǎn
吸管
빨대

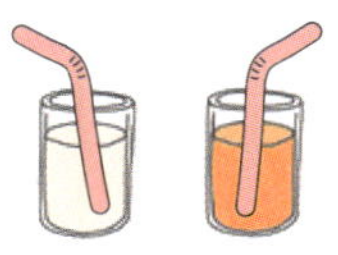

Yǒu xīguǎn ma
★ **有吸管吗？**
빨대 있나요?

Yòng xīguǎn hē niúnǎi ba
★ **用吸管喝牛奶吧。**
빨대로 우유를 마시자.

Xiǎo háizi yòng xīguǎn hē niúnǎi
★ **小孩子用吸管喝牛奶。**
어린아이들은 빨대를 사용해서 우유를 마신다.

Yòng xīguǎn xīzhe hē niúnǎi
★ **用吸管吸着喝牛奶。**
우유를 빨대로 빨아먹다

▪ 牛奶 niúnǎi　　　우유

你吃中国菜习惯吗?
Nǐ chī zhōngguó cài xíguàn ma

我还不太习惯。
Wǒ hái bútài xíguàn

慢慢就习惯了。
Mànman jiù xíguàn le

你要喝牛奶吗?
Nǐ yào hē niúnǎi ma

我要喝牛奶。
Wǒ yào hē niúnǎi

用吸管喝牛奶吧。
Yòng xīguǎn hē niúnǎi ba

음료수

★ 水	shuǐ	물
★ 汽水	qìshuǐ	사이다
★ 牛奶	niúnǎi	우유
★ 茶	chá	차
★ 咖啡	kāfēi	커피
★ 雪碧	xuěbì	스프라이트
★ 可乐	kělè	콜라
★ 红茶	hóngchá	홍차
★ 奶茶	nǎichá	밀크티
★ 果汁	guǒzhī	쥬스
★ 啤酒	píjiǔ	맥주
★ 鸡尾酒	jīwěijiǔ	칵테일

▶ 당신은 중국요리에 적응이 됐나요?
▶ 저는 아직 적응이 안됐어요.
▶ 천천히 적응돼요.
▶ 당신은 우유를 마시려고 하나요?
▶ 저는 우유를 마시려고 합니다.
▶ 빨대를 사용해서 우유를 드세요.

综合练习 연습문제

1. 아래 한자에 한어병음을 쓰고 읽어보세요.

① 习惯　　　　_____________

② 吸管　　　　_____________

2. 다음 병음을 제시한 빈칸에 한자를 써넣으세요.

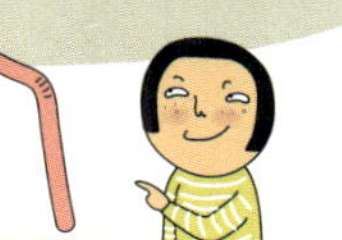

3. 아래 단어들을 잘 배열하여 문장을 만드세요.

① 就　慢慢　了　习惯

→ _____________________________

② 吸着　用　牛奶　喝　吸管

→ _____________________________

정답

1. ① xíguàn　　② xīguǎn
2. ① 习惯　　② 吸管
3. ① 慢慢就习惯了。　　② 用吸管吸着喝牛奶。

yǎnjing   yǎnjìng

Nǐ de yǎnjing hěn dà
你的**眼睛**很大。
당신의 눈이 커요.

Nǐ de yǎnjing hěn piàoliang
你的**眼睛**很漂亮。
당신의 눈이 예뻐요.

Wǒ de yǎnjing yǒudiǎn wèntí
我的**眼睛**有点问题。
제 눈에 좀 문제가 있어요.

Wǒ de yǎnjing yǒudiǎn téng
我的**眼睛**有点疼。
제 눈은 좀 아파요.

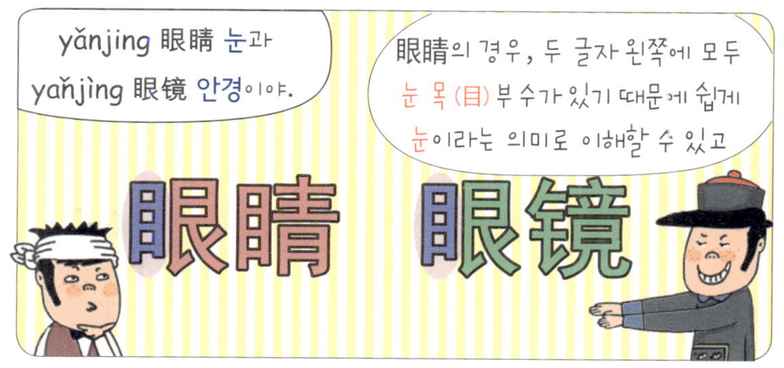

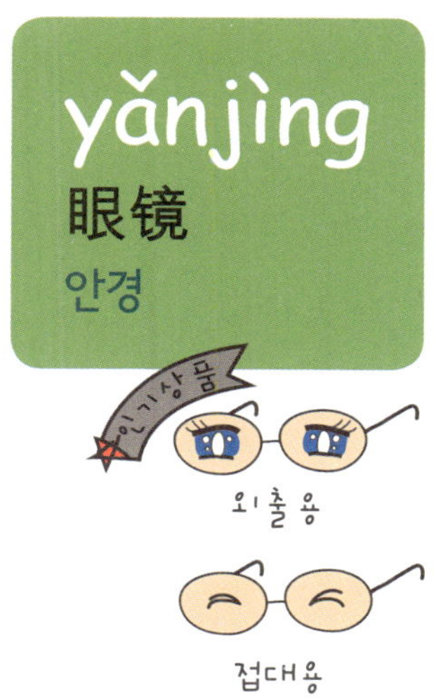

Yǎnjìng diàn zài nǎlǐ
眼镜店在哪里?
안경점은 어디에 있나요?

Wǒ mǎile yí fù xīn de yǎnjìng
我买了一副新的眼镜。
저는 새 안경을 샀어요.

Zhè tiáo lù jiùshì yǎnjìng jiē
这条路就是眼镜街。
이 길이 바로 안경거리입니다.

Zhè fù yǎnjìng kuǎnshì zěnmeyàng
这副眼镜款式怎么样?
이 안경 디자인 어때요?

副	fù	한 벌 또는 한 쌍으로 되어있는 물건에 쓰는 양사
款式	kuǎnshì	디자인

 我的眼睛有点问题。
Wǒ de yǎnjing yǒudiǎn wèntí

 看得不清楚吗?
Kàn de bù qīngchu ma

 有点不清楚。
Yǒudiǎn bù qīngchu

 你先去眼镜店, 检查一下吧。
Nǐ xiān qù yǎnjìng diàn　　jiǎnchá yíxià ba

 好的。明天一起去眼镜店吧。
Hǎo de　　Míngtiān yìqǐ qù yǎnjìng diàn ba

▪ 检查 jiǎnchá　　검사하다, 조사하다

신체부위

★ 脸　liǎn　얼굴
★ 额头　étóu　이마
★ 眼睛　yǎnjīng　눈
★ 眉毛　méimáo　눈썹
★ 鼻子　bízǐ　코
★ 嘴巴　zuǐbā　입
★ 嘴唇　zuǐchún　입술
★ 舌头　shétóu　혀
★ 下巴　xiàbā　턱
★ 牙齿　yáchǐ　치아
★ 耳朵　ěrduǒ　귀
★ 眼颊　yǎnjiá　볼
★ 脚　jiǎo　발
★ 脚趾　jiǎozhǐ　발가락
★ 手指　shǒuzhǐ　손가락
★ 关节　guānjiē　관절

▶ 제 눈에 약간 문제가 있어요.
▶ 잘 안보여요?
▶ 약간 안보여요.
▶ 먼저 안경점에 가서 검사 한번 받아보세요.
▶ 알겠어요. 내일 같이 안경점에 가요.

综合练习 연습문제

1. 아래 한자에 한어병음을 쓰고 읽어보세요.

① 眼睛 ＿＿＿＿＿＿＿

② 眼镜 ＿＿＿＿＿＿＿

2. 다음 병음을 제시한 빈칸에 한자를 써넣으세요.

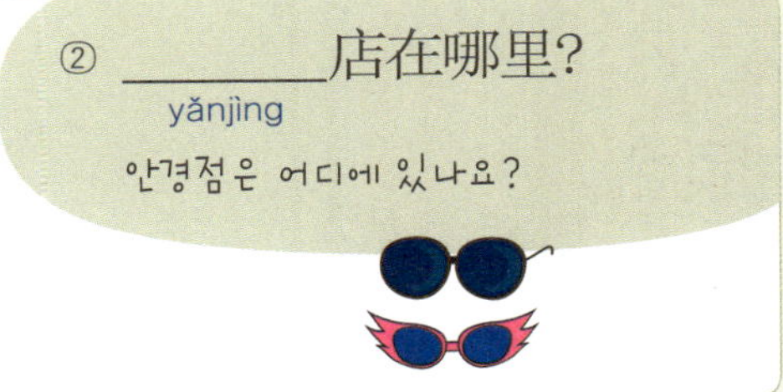

3. 아래 단어들을 잘 배열하여 문장을 만드세요.

① 我　疼　有点　的　眼睛

→ ＿＿＿＿＿＿＿＿＿＿＿＿＿＿＿

② 眼镜　这　副　怎么样　款式

→ ＿＿＿＿＿＿＿＿＿＿＿＿＿＿＿

정답

1. ① yǎnjing　　② yǎnjìng
2. ① 眼睛　　② 眼镜
3. ① 我的眼睛有点疼。　　② 这副眼镜款式怎么样?

yánsè

yǎnsè

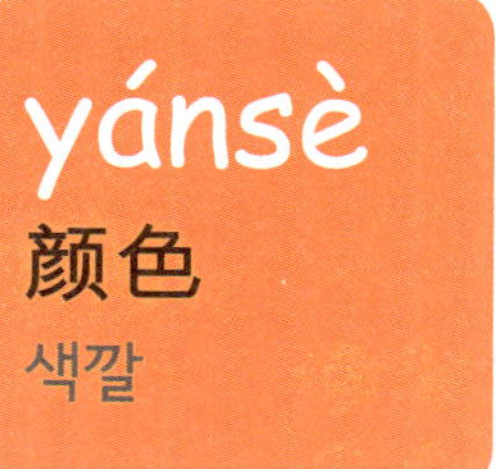

yánsè

颜色

색깔

Zhè shì shénme yánsè

⭐ 这是什么颜色？

이것은 무슨 색깔인가요?

Méiyǒu bié de yánsè ma

⭐ 没有别的颜色吗？

다른 색깔은 없나요?

Wǒ xǐhuan zhè zhǒng yánsè

⭐ 我喜欢这种颜色。

나는 이러한 종류의 색깔을 좋아한다.

Wǒmen méiyou zhè zhǒng yánsè

⭐ 我们没有这种颜色。

우리는 이러한 종류의 색깔이 없다.

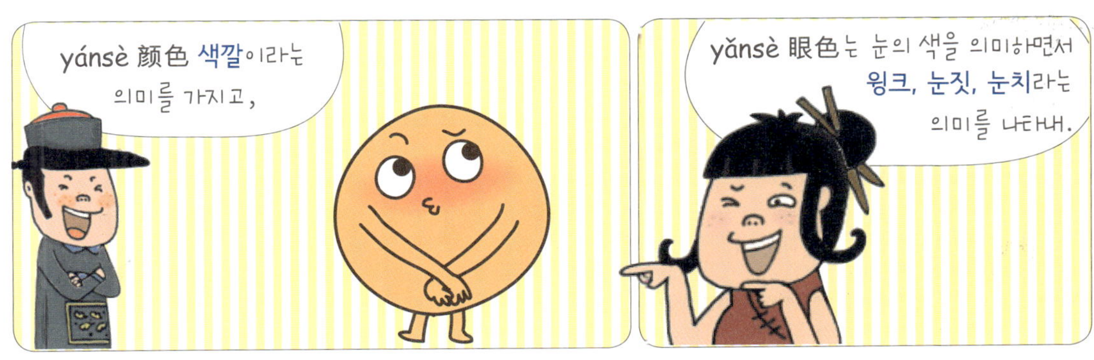

yǎnsè
眼色
윙크, 눈짓, 눈치

Dì yíge yǎnsè

⭐ 递一个 **眼色**。

윙크를 한 번 하다.

Tā gěi wǒ dìle ge yǎnsè

⭐ 他给我递了个 **眼色**。

그가 나에게 윙크를 했다.

Tā kàn biérén yǎnsè

⭐ 他看别人 **眼色**。

그는 다른 사람의 눈치를 봤다.

Gěi tā dìle ge yǎnsè

⭐ 给他递了个 **眼色**。

그에게 눈짓을 했다.

▪▪▪ 递眼色　　dìyǎnsè　　눈짓하다, 눈짓을 보내다

대화문을 통해서 두 단어를 활용해 봅시다.

색깔

 没有别的颜色吗?
Méiyǒu bié de yánsè ma

 不好意思，已经卖完了。
Bùhǎoyìsi　　　yǐjīng mài wán le

 在商店他给我递了个眼色。
Zài shāngdiàn tā gěi wǒ dìle ge yǎnsè

 你认识他吗?
Nǐ rènshi tā ma

 其实我们俩是暧昧的关系。
Qíshí wǒmen liǎ shì àimèi de guānxi

 是真的吗?
Shì zhēn de ma

★	红色	hóngsè	빨강색
★	蓝色	lánsè	파란색
★	黄色	huángsè	노란색
★	橙色	chéngsè	오렌지색
★	白色	báisè	흰색
★	黑色	hēisè	검은색
★	灰色	huīsè	회색
★	粉色	fěnsè	분홍색
★	绿色	lǜsè	녹색
★	紫色	zǐsè	자색
★	棕色	zōngsè	갈색
★	金色	jīnsè	금색
★	银色	yínsè	은색

◉ 暧昧　àimèi　썸 타다, 애매하다

▶ 다른 색깔은 없나요?
▶ 미안하지만, 이미 다 팔렸어요.

▶ 상점에서 그가 나에게 윙크를 했어.
▶ 너 그 사람 알아?
▶ 사실 우리 썸 타는 관계야.
▶ 정말이야?

1. 아래 한자에 한어병음을 쓰고 읽어보세요.

① 颜色　　______________

② 眼色　　______________

2. 다음 병음을 제시한 빈칸에 한자를 써넣으세요.

① 这是什么________?
yánsè

이것은 무슨 색깔인가요?

② 他给我递了个________。
yǎnsè

그가 나에게 윙크를 했다.

3. 아래 단어들을 잘 배열하여 문장을 만드세요.

① 没有　我们　颜色　这种

→ ________________________________

② 递了　给　眼色　他　个

→ ________________________________

정 답

1. ① yánsè　　② yànsè
2. ① 颜色　　② 眼色
3. ① 我们没有这种颜色。　② 给他递了个眼色。

학원이 대학이야?

학원
학교 설치 기준의 여러 조건을 갖추지 않은 사설 교육 기관

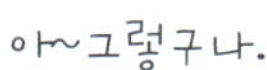

学院

🇨🇳 **대학**

최고급의 공공 교육 및 연구 기관.
크게 종합 대학과 단과 대학으로 나뉘며, 전문 대학,
교육 대학 따위를 포함한다.

중국에서 학원 学院은 대학 大学이라는
의미를 가지거든.

学院 xuéyuàn과 大学 dàxué 사이에서도 약간의 차이점이
생기는데, 学院은 단과대학을 의미하고,
大学은 종합대학을 의미해.

그래서 중국인들이 "중국어 어디서 배웠어요?"라고 하면
학원 学院 에서 배웠다고 대답을 했을 거야.
물론 대학에서 배운 사람들도 있겠지만
대부분의 사람들은 학원을 통해서
배웠을 가능성이 크지.

중국인이 인식하는 것은
대학에서 중국어를 배웠다고 하면,
사실 화자의 의도는
학원에서 공부하는 것이었겠지만
'그 정도밖에 못해'라는 인상을 줄 수도 있지.

물론 중국인들은 그러함에도 손가락을 치켜 올리며
중국어 잘한다고 하겠지만 말이야.
중국어로 学院 xuéyuàn 대학과 补习班 bǔxíbān 학원의
차이점에 대해서는 확실히 이해하고
넘어갈 필요가 있어.

21

xiǎojiě　　xiǎojiē

xiǎojiě

小姐

아가씨

Xiǎojiě, wǒmen diǎncài

⭐ 小姐，我们点菜。

아가씨, 저희 주문이요.

Kōngzhōng xiǎojiě

⭐ 空中小姐

스튜어디스

Tā shì kōngzhōng xiǎojiě

⭐ 她是空中小姐。

그녀는 스튜어디스입니다.

Nǐ jiào wǒ Lǐ xiǎojiě jiù kěyǐ le

⭐ 你叫我李小姐就可以了。

당신은 저를 미스 리라고 부르면 됩니다.

xiǎojiē
小街
골목

Zhè tiáo xiǎojiē hěn zhǎi

☆ 这条小街很窄。

이 골목은 좁다.

Zhè tiáo xiǎojiē hěn yǒumíng

☆ 这条小街很有名。

이 골목은 유경하다.

Nǐ qùguo nà tiáo xiǎojiē ma

☆ 你去过那条小街吗?

당신은 그 골목에 가본 적이 있나요?

Hěn duō rén dōu xǐhuan zhè tiáo xiǎojiē

☆ 很多人都喜欢这条小街。

많은 사람들은 이 골목을 좋아한다.

▪ 窄　zhǎi　좁다
▪ 条　tiáo　가늘고 긴 것을 셀 때 쓰는 양사

我怎么称呼您?
Wǒ zěnme chēnghū nín

您叫我李小姐就可以了。
Nín jiào wǒ Lǐ xiǎojiě jiù kěyǐ le

以后我叫您李小姐。
Yǐhòu wǒ jiào nín Lǐ xiǎojiě

您去过那条小街吗?
Nín qùguo nà tiáo xiǎojiē ma

我没去过, 我们一起去吧。
Wǒ méi qùguo　　wǒmen yìqǐ qù ba

호칭

★ 先生　　xiānshēng
아저씨 결혼한 기혼남자

★ 女士　　nǚshì
여사 결혼한 기혼여자

★ 校弟　　xiàodì
학교 남동생

★ 校妹　　xiàomèi
학교 여동생

★ 小李　　xiǎolǐ
이군 나이가 어린 사람에 대한 호칭,
친한 사이에서 주로 사용

★ 老李　　lǎolǐ
이씨 나이가 많은 사람에 대한 호칭,
친한 사이에서 주로 사용

▥ 称呼 chēnghū　　~(이)라고 부르다[일컫다]

▶ 제가 어떻게 호칭을 할까요?
▶ 당신은 저를 미스 리라고 부르면 됩니다.
▶ 이후에 저는 당신을 미스 리라고 할게요.

▶ 당신은 그 골목을 가본 적이 있나요?
▶ 저는 가본 적이 없어요, 우리 함께 가요.

1. 아래 한자에 한어병음을 쓰고 읽어보세요.

① 小姐　　　_______________

② 小街　　　_______________

2. 다음 병음을 제시한 빈칸에 한자를 써넣으세요.

3. 아래 단어들을 잘 배열하여 문장을 만드세요.

① 就　你　我　叫　可以了　李小姐

→ _______________________________

② 这条　很多人　都　小街　喜欢

→ _______________________________

정 답

1. ① xiǎojiě　　　② xiǎojiě
2. ① 小姐　　　② 小街
3. ① 你叫我李小姐就可以了。　② 很多人都喜欢这条小街。

shuìjiào

shuǐjiǎo

shuìjiào

睡觉

잠을 자다

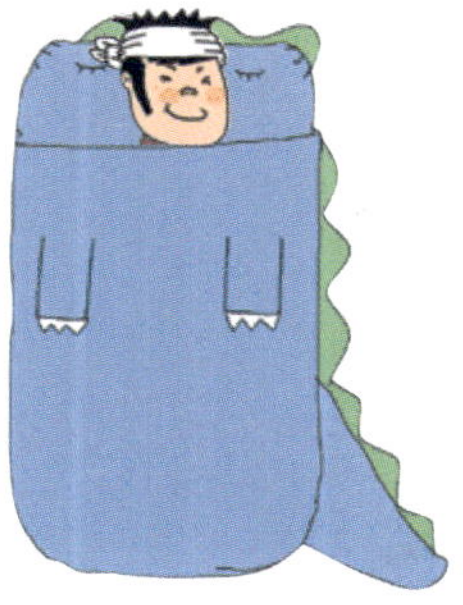

Wǒ xiǎng shuìjiào

★ 我想**睡觉**。

나는 잠을 자고 싶다.

Nǐ yìbān jǐ diǎn shuìjiào

★ 你一般几点**睡觉**?

당신은 보통 몇 시에 주무시나요?

Wǒ yìbān shí'èr diǎn shuìjiào

★ 我一般十二点**睡觉**。

저는 보통 12시에 자요.

Dōu shí'èr diǎn le, nǐ hái bù shuìjiào

★ 都十二点了, 你还不**睡觉**?

벌써 12시입니다. 당신 아직 안자요?

▥ 一般 yìbān　보통, 그냥 그렇다

Wǒ xiǎng chī shuǐjiǎo
★ 我想吃水饺。
저는 물만두가 먹고 싶어요.

Shuǐjiǎo yì wǎn duōshao qián
★ 水饺一碗多少钱？
물만두 한 접시 얼마인가요?

Wǒmen zài diǎn yíxià shuǐjiǎo ba
★ 我们再点一下水饺吧。
우리 물만두 좀 주문해요.

Shàngcì wǒmen chīguo de shuǐjiǎo zěnmeyàng
★ 上次我们吃过的水饺怎么样？
지난번에 우리가 먹은 만두 어땠어요?

ⅲ 碗　wǎn　　주문하다
ⅲ 点　diǎn　　~그릇, ~공기, ~사발(양사)

대화문을 통해서 두 단어를 활용해 봅시다.

都十点了, 你知道餐厅在哪里?
Dōu shí diǎn le nǐ zhīdào cāntīng zài nǎlǐ

一直往前走, 就到了。
Yìzhí wǎng qián zǒu jiù dào le

你不困吗?
Nǐ bú kùn ma

不困, 饿死了。
Bú kùn èsǐ le

你一般几点睡觉?
Nǐ yìbān jǐ diǎn shuìjiào

我一般十二点睡觉。
Wǒ yìbān shí'èr diǎn shuìjiào

만두

삼국지에서 제갈량이 인신공양을 대신해 사람모양으로 빚어 만든 것이 만두의 기원이다. 만두는 우리식 한자로 **饅頭** 중국어로 **馒头** 만토우라고 한다.
馒头만토우의 경우는 흔히 **꽃빵**이라고 하는, 만두 속이 없는 밀가루 빵이고, **饺子**지아오즈는 일반적으로 한국에서 말하는 **만두**이다.
포자 **包子** 빠오즈는 대표적인 중국 아침 메뉴 중 하나로, 한국의 **호빵**처럼 야채, 고기 등이 들어 있다.

- ★ **馒头** 꽃빵 만두 속이 없는 꽃빵
- ★ **饺子** 만두
- ★ **包子** 호빵

▪ 困 kùn 잠이 오다, 졸리다

▶ 벌써 10시입니다, 식당이 어디인지 아세요?
▶ 쭉 앞으로 가면 바로 있어요.

▶ 잠이 안 와요?
▶ 안 와요, 배고파 죽겠어요.
▶ 당신은 보통 몇 시에 주무시나요?
▶ 저는 보통 12시에 자요.

综合练习 연습문제

1. 아래 한자에 한어병음을 쓰고 읽어보세요.

① 睡觉　　＿＿＿＿＿＿＿＿

② 水饺　　＿＿＿＿＿＿＿＿

2. 다음 병음을 제시한 빈칸에 한자를 써넣으세요.

① 我想＿＿＿＿＿＿。
shuìjiào
저는 잠을 자고 싶습니다.

② 我想吃 ＿＿＿＿＿＿。
shuǐjiǎo
저는 물만두가 먹고 싶습니다.

3. 아래 단어들을 잘 배열하여 문장을 만드세요.

① 一般　点　我　睡觉　十二

→ ＿＿＿＿＿＿＿＿＿＿＿＿＿＿＿＿

② 吧　再　我们　点　水饺　一下

→ ＿＿＿＿＿＿＿＿＿＿＿＿＿＿＿＿

정답

1. ① shuìjiào　　② shuǐjiǎo
2. ① 睡觉　　② 水饺
3. ① 我一般十二点睡觉。　　② 我们再点一下水饺吧。

23

TRACK 070

zhùyì　　zhǔyì

---

zhùyì

注意

주의하다, 조심하다

Nǐ yào zhùyì

★ 你要注意。

너 주의를 해.

Guò mǎlù yào zhùyì

★ 过马路要注意。

길 건널 때 주의해.

Yǐhòu zhùyì diǎnr

★ 以后注意点儿。

이후에는 주의를 해.

Qǐng zhùyì

★ 请注意。

조심하세요.

zhǔyì

主意

아이디어, 생각

Hǎo zhǔyì

好主意!

좋은 아이디어야!

Dǎ zhǔyì

打主意

생각을 정하다

Ná bú dìng zhǔyì

拿不定主意

마음을 정하지 못하다

Yǒuméiyou hǎo zhǔyì

有没有好主意?

좋은 아이디어 없나요?

TRACK 071

동작

 不好意思, 我迟到了。
Bùhǎoyìsi　　　wǒ chídào le

 以后注意点儿。
Yǐhòu zhùyì diǎnr

 我们开始会议吧。
Wǒmen kāishǐ huìyì ba

 你们有没有好主意?
Nǐmen yǒuméiyou hǎo zhǔyì

 我们先吃饭, 然后再进行会议。
Wǒmen xiān chīfàn　ránhòu zài jìnxíng huìyì

 好主意!
Hǎo zhǔyì

- 进行 jìnxíng　진행하다
- 会议 huìyì　회의

▶ 죄송합니다, 제가 늦었습니다.
▶ 이후에는 주의하세요.

▶ 우리 회의 시작합시다.
▶ 좋은 아이디어 없나요?

▶ 우리 먼저 밥 먹고, 다시 회의 진행하죠.
▶ 좋은 생각입니다.

★ 握手　wòshǒu
악수하다

★ 拥抱　yōngbào
포옹하다

★ 挥手　huīshǒu
손을 흔들다

★ 摆手　bǎishǒu
손을 내젓다

★ 背手　bèishǒu
뒷짐지다

★ 抬头　táitóu
머리를 들다

★ 跷腿　qiāotuǐ
다리를 꼬다

★ 转身　zhuǎnshēn
몸을 돌리다

★ 回头　huítóu
고개를 돌리다

综合练习 연습문제

1. 아래 한자에 한어병음을 쓰고 읽어보세요.

① 注意　　＿＿＿＿＿＿＿＿＿＿

② 主意　　＿＿＿＿＿＿＿＿＿＿

2. 다음 병음을 제시한 빈칸에 한자를 써넣으세요.

3. 아래 단어들을 잘 배열하여 문장을 만드세요.

① 注意　以后　点儿

→ ＿＿＿＿＿＿＿＿＿＿＿＿＿＿＿＿＿＿＿

② 主意　有　好　没有

→ ＿＿＿＿＿＿＿＿＿＿＿＿＿＿＿＿＿＿＿

정답

1. ① zhùyì　　　② zhǔyì
2. ① 注意　　　② 主意
3. ① 以后注意点儿。　　　② 有没有好主意?

lǎoshī / lǎoshi

Nǐ shì lǎoshī ma

★ 你是**老师**吗?

당신은 선생님입니까?

Wǒ búshì lǎoshī

★ 我不是**老师**。

저는 선생님이 아닙니다.

Wǒ xiǎng dāng lǎoshī

★ 我想当**老师**。

저는 선생님이 되고 싶습니다.

Tā shì wǒ xuéxiào de lǎoshī

★ 他是我学校的**老师**。

그는 우리 학교의 선생님입니다.

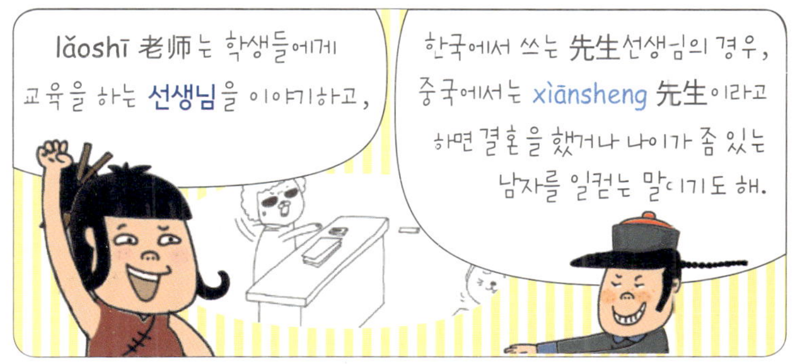

lǎoshi

老实

성실하다, 온순하다, 솔직하다

Tā hěn lǎoshi

★ 他很老实。

그는 성실하다.

Tā shì ge lǎoshi rén

★ 他是个老实人。

그는 얌전한 사람이다.

Zhège háizi zhēn lǎoshi

★ 这个孩子真老实。

이 아이는 정말로 성실하다.

Lǎoshi shuō, tā shì huàirén

★ 老实说，他是坏人。

솔직하게 말하면 그는 나쁜 사람이다.

老师, 您好! 我是玛丽的爸爸。
Lǎoshī, nín hǎo　Wǒ shì mǎlì de bàba

您好! 初次见面。
Nín hǎo　Chūcì jiànmiàn

玛丽学习怎么样?
Mǎlì xuéxí zěnmeyàng

她很老实, 而且很认真。
Tā hěn lǎoshi　érqiě hěn rènzhēn

玛丽说老师教得很认真。
Mǎlì shuō lǎoshī jiāo de hěn rènzhēn

她非常好, 您不用担心。
Tā fēicháng hǎo　nín búyòng dānxīn

심정과 태도

★ 快乐　kuàilè　즐겁다
★ 孤独　gūdú　고독하다
★ 忧郁　yōuyù　우울하다
★ 害怕　hàipà　무서워하다
★ 平静　píngjìng　평온하다
★ 担心　dānxīn　걱정하다
★ 生气　shēngqì　화내다
★ 否定　fǒudìng　부인하다
★ 难过　nánguò　괴롭다
★ 紧张　jǐnzhāng　긴장하다
★ 喜欢　xǐhuān　좋아하다
★ 讨厌　tǎoyàn　미워하다
★ 害羞　hàixiū　부끄러워하다
★ 同意　tóngyì　동의하다
★ 反对　fǎnduì　반대하다
★ 无聊　wúliáo　지루하다

▪ 而且　érqiě　게다가
▪ 认真　rènzhēn　진지하다, 착실하다

▶ 선생님, 안녕하세요! 저는 마리의 아빠입니다.
▶ 안녕하세요! 처음 뵙겠습니다.
▶ 마리 공부 열심히 하나요?
▶ 마리가 성실해요, 게다가 열심입니다.
▶ 마리가 선생님이 잘 가르쳐주신다고 하더군요.
▶ 마리는 아주 좋아요, 걱정 안하셔도 되요.

综合练习 연습문제

1. 아래 한자에 한어병음을 쓰고 읽어보세요.

① 老师 _______________

② 老实 _______________

2. 다음 병음을 제시한 빈칸에 한자를 써넣으세요.

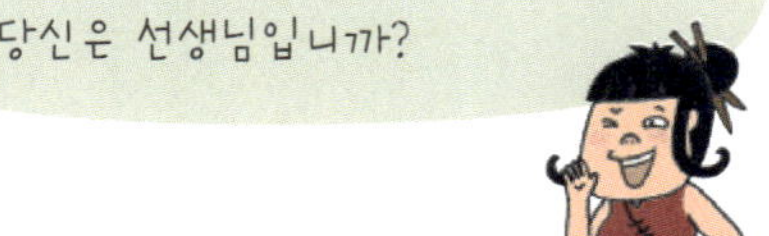

① 你是 _______ 吗?
lǎoshī

당신은 선생님입니까?

② 他很_______。
lǎoshi

그는 성실하다.

3. 아래 단어들을 잘 배열하여 문장을 만드세요.

① 我 是 他 老师 学校 的

→ _______________________

② 孩子 这个 老实 真

→ _______________________

정 답

1. ① lǎoshī   ② lǎoshi
2. ① 老师   ② 老实
3. ① 他是我学校的老师。   ② 这个孩子真老实。

25

jiàoshì
jiàoshī

jiàoshì

教室

교실

Zhè shì wǒmen de jiàoshì
★ 这是我们的**教室**。

이것은 우리의 교실이다.

Wǒmen de jiàoshì bú dà
★ 我们的**教室**不大。

우리의 교실은 크지 않다.

Wǒ qù jiàoshì shàngkè
★ 我去**教室**上课。

나는 교실로 수업하러 간다.

Jiàoshì lǐ yǒu hěn duō de xuésheng
★ **教室**里有很多的学生。

교실에는 많은 학생이 있다.

jiàoshī

教师

교사

Wǒ shì ge jiàoshī
我 是 个 教师。
나는 교사입니다.

Tā shì hěn hǎo de jiàoshī
他 是 很 好 的 教师。
그는 좋은 교사입니다.

Wǒ dǎsuàn dāng jiàoshī
我 打算 当 教师。
나는 교사가 되려고 합니다.

Tā shì wǒmen bān de jiàoshī
他 是 我们 班 的 教师。
그는 우리 반 선생님입니다.

你打算做什么工作？
Nǐ dǎsuàn zuò shénme gōngzuò

我打算当教师。
Wǒ dǎsuàn dāng jiàoshī

학고와 관련된 단어

* 教室　jiàoshì　교실
* 上学　shàngxué 등교하다
* 上课　shàngkè　수업하다
* 下课　xiàkè　수업이 끝나다
* 考试　kǎoshì　시험
* 作业　zuòyè　숙제
* 期中考试　중간고사
  qīzhōng kǎoshì
* 期末考试　기말고사
  qīmò kǎoshì
* 寒假　hánjià　겨울방학
* 暑假　shǔjià　여름방학
* 毕业　bìyè　졸업하다
* 高考　gāokǎo　대학교 입시

老师在教室里吗？
Lǎoshī zài jiàoshì lǐ ma

你认识那位老师吗？
Nǐ rènshi nà wèi lǎoshī ma

他是我以前的教师。
Tā shì wǒ yǐqián de jiàoshī

原来是这样！
Yuánlái shì zhèyàng

▪ 原来如此 yuánlái rúcǐ 는 原来是这样와 같은 의미이다.
전혀 모르고 있던 일에 대해서 나중에 알게 되었을 때 표현하는
말이다. 우리말로 해석을 하면 아 그랬구나, 혹은 아 그렇구나!
라는 어감으로 이해를 하면 된다.
일상 회화에서 자주 사용하므로 꼭 기억을 하도록 하자!

▶ 너는 무슨 일을 할 계획이야?
▶ 나는 교사가 되고 싶어.

▶ 교실에 선생님 계시니?
▶ 너 그 선생님 알아?
▶ 그는 내 이전 선생님이셔.
▶ 그랬구나.

1. 아래 한자에 한어병음을 쓰고 읽어보세요.

　　① 教室　　　＿＿＿＿＿＿＿＿

　　② 教师　　　＿＿＿＿＿＿＿＿

2. 다음 병음을 제시한 빈칸에 한자를 써넣으세요.

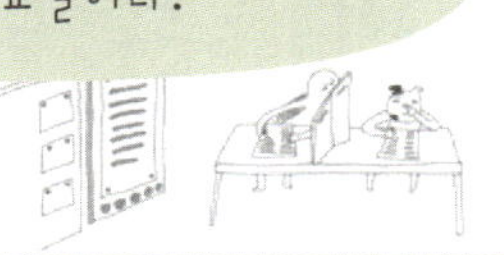

① 这是我们的＿＿＿＿。
jiàoshì

이것은 우리의 교실이다.

② 我是个＿＿＿＿。
jiàoshī

나는 교사입니다.

3. 아래 단어들을 잘 배열하여 문장을 만드세요.

① 很多的　有　教室　里　学生

　→ ＿＿＿＿＿＿＿＿＿＿＿＿＿＿

② 我们班　是　他　教师　的

　→ ＿＿＿＿＿＿＿＿＿＿＿＿＿＿

정답

1. ① jiàoshì　　　　② jiàoshī
2. ① 教室　　　　② 教师
3. ① 教室里有很多的学生。　② 他是我们班的教师。

26

nánkàn　　nánkān

nánkàn
难看
못 생기다, 보기 싫다

Tā hěn nánkàn
★ 他很难看。
그는 못생겼다.

Tā zhǎng de hěn nánkàn
★ 他长得很难看。
그는 생긴 것이 못 생겼다.

Tā zuò de fēicháng nánkàn
★ 他做得非常难看。
그가 한 것은 매우 보기 싫다.

Nǐ de liǎnsè zěnme zhème nánkàn
★ 你的脸色怎么这么难看?
네 안색이 왜 이렇게 안 좋아?

nánkān

难堪

난감하다, 난처하다

Wǒ yǒudiǎnr nánkān

★ 我有点儿难堪。

나는 좀 난처하다.

Ràng biérén nánkān

★ 让别人难堪。

사람을 무안하게 하다.

Nǐ huì hěn nárkān

★ 你会很难堪。

너는 난처해 질꺼야.

Zhè jiàn shì ràng wǒ hěn nánkān

★ 这件事让我很难堪。

이 일은 나로 하여금 난감하게 한다.

離 lí　　～로부터

대화문을 통해서 두 단어를 활용해 봅시다.

TRACK 080

 你跟她见了面吗?
Nǐ gēn tā jiàn le miàn ma

 别提了。
Bié tí le

 有什么事吗?
Yǒu shénme shì ma

 她长得很难看。
Tā zhǎng de hěn nánkàn

 她说很喜欢你。
Tā shuō hěn xǐhuan nǐ

 我有点儿难堪。
Wǒ yǒudiǎnr nánkān

★ 恐龙　　　kǒnglóng
공룡(여자폭탄을 지칭)

★ 青蛙　　　qīngwā
청개구리(남자폭탄을 지칭)

★ 一见钟情　yíjiànzhōngqíng
첫눈에 반하다

★ 情人眼里出西施
qíngrén yǎnli chū xīshī

눈에 콩깍지가 끼다

▶ 너 그녀랑 만났어?
▶ 말도 마.
▶ 무슨 일 있어?
▶ 그 여자 못 생겼어.
▶ 그녀는 너 좋다고 하던데.
▶ 나 좀 난감하다.

综合练习 연습문제

1. 아래 한자에 한어병음을 쓰고 읽어보세요.

① 难看 ______________

② 难堪 ______________

2. 다음 병음을 제시한 빈칸에 한자를 써넣으세요.

① 他很________。
nánkàn

② 我有点儿________。
nánkān

3. 아래 단어들을 잘 배열하여 문장을 만드세요.

① 怎么 你的 难看 脸色 这么

→ ______________________________

② 我 这件事 难堪 让 很

→ ______________________________

정답

1. ① nánkàn   ② nánkān
2. ① 难看   ② 难堪
3. ① 你的脸色怎么这么难看? ② 这件事让我很难堪。

yǒudiǎn

yōudiǎn

yǒudiǎn

有点

조금

Wǒ yǒudiǎn rè

★ 我**有点**热。

저는 조금 덥습니다.

Wǒ yǒudiǎn è

★ 我**有点**饿。

저는 조금 배가 고픕니다.

Wǒ yǒudiǎn bù shūfu

★ 我**有点**不舒服。

저는 조금 불편합니다.

Zhège wèidào yǒudiǎn suān

★ 这个味道**有点**酸。

이 맛은 조금 시어요.

▥ 酸 suān (맛·냄새 등이) 시큼하다, 시다

★ 他的优点是什么?

그의 장점은 무엇입니까?

★ 有哪些优点?

어떤 장점이 있나요?

★ 他有很多优点。

그는 많은 장점이 있다.

★ 他一点优点也没有。

그는 조금의 장점도 없다.

대화문을 통해서 두 단어를 활용해 봅시다.

 这个手机有哪些优点?
Zhège shǒujī yǒu nǎxiē yōudiǎn

 速度很快, 触摸感挺好的。
Sùdù hěn kuài　chùmōgǎn tǐng hǎo de

 我觉得操作有点不方便。
Wǒ juéde cāozuò yǒudiǎn bù fāngbiàn

 我不觉得操作有点不方便。
Wǒ bù juéde cāozuò yǒudiǎn bù fāngbiàn

 除了这个以外, 其他都很好。
Chúle zhège yǐwài　qítā dōu hěn hǎo

⫶ 触摸感	chùmōgǎn	터치감
⫶ 操作	cāozuò	조작하다, 다루다
⫶ 除了～以外	Chúle yǐwài	～을 제외하고

▶ 이 핸드폰은 어떤 장점이 있나요?
▶ 속도가 빠르고, 터치감이 좋습니다.
▶ 저는 조작이 조금 불편하다고 생각해요.
▶ 저는 조작이 불편하다고 생각하지 않아요.
▶ 이것을 제외하고 다른 것은 모두 좋아요.

전자제품

★ 电脑　diànnǎo
컴퓨터

★ 笔记本　bǐjiběn
노트북

★ 电视机　diànshìjī
텔레비전

★ 冰箱　bīngxiāng
냉장고

★ 空调　kōngtiáo
에어컨

★ 洗衣机　xǐyījī
세탁기

★ 微波炉　wēibōlú
전자레인지

★ 电饭煲　diànfànbāo
전기밥솥

★ 数码相机　shùmǎ xiāngjī
디지털카메라

★ 吹风机　chuīfēngjī
헤어드라이기

1. 아래 한자에 한어병음을 쓰고 읽어보세요.

① 有点 ＿＿＿＿＿＿＿＿

② 优点 ＿＿＿＿＿＿＿＿

2. 다음 병음을 제시한 빈칸에 한자를 써넣으세요.

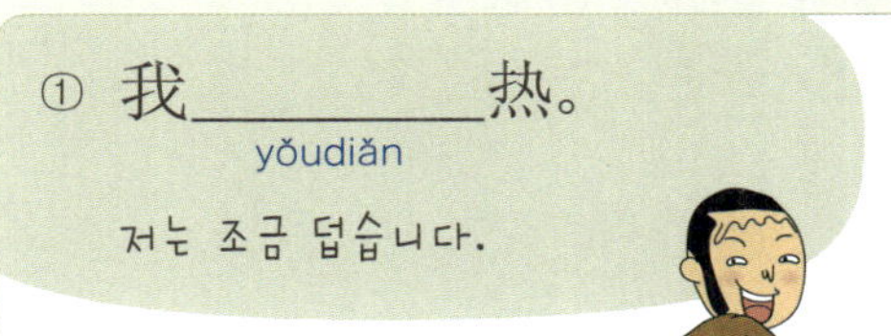

① 我＿＿＿＿＿＿＿热。
yǒudiǎn
저는 조금 덥습니다.

② 他的＿＿＿＿＿＿＿是什么?
yǒudiǎn
그의 장점은 무엇입니까?

3. 아래 단어들을 잘 배열하여 문장을 만드세요.

① 味道　这个　酸　有点

→ ＿＿＿＿＿＿＿＿＿＿＿＿＿＿＿＿＿＿＿＿＿＿

② 他　也　一点　没有　优点

→ ＿＿＿＿＿＿＿＿＿＿＿＿＿＿＿＿＿＿＿＿＿＿

정답

1. ① yǒudiǎn　　② yōudiǎn
2. ① 有点　　② 优点
3. ① 这个味道有点酸。　　② 他一点优点也没有。

28

다른 성조

TRACK 085

héshì　　héshí

héshì
合适
적합하다, 알맞다

Zhè jiàn yīfu héshì ma
☆ 这件衣 合适 吗？
이 옷 맞아요?

Zhè jiàn yīfu hěn héshì
☆ 这件衣服很合适。
이 옷은 맞습니다.

Tā dānrèn zhège zhíwù hěn héshì
☆ 他担任这个职务很合适。
그가 담당하는 이 업무는 매우 적합합니다.

Wǒ juéde zhèyàng zuò bútài héshí
☆ 我觉得这样做不太合适。
제가 생각하기에 이렇게 하는 것은 그다지 적합하지 않습니다.

▥ 担任 dānrèn　맡다, 담당하다
▥ 职务 zhíwù　직무

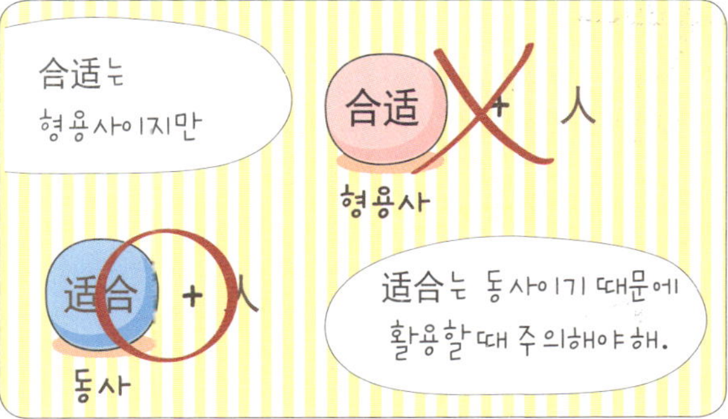

héshí
何时
언제, 어느 때

Héshí néng zàijiàn
★ **何时**能再见?
언제 볼 수 있을까요?

Nǐ dǎsuàn héshí zǒu
★ 你打算**何时**走?
당신은 언제 갈 계획입니까?

Zhè jiàn shì héshí jiéshù
★ 这件事**何时**结束?
이 일은 언제 끝나나요?

Nǐmen héshí cái néng wánchéng gōngzuò
★ 你们**何时**才能完成工作?
당신들은 언저 비로소 일을 완성하나요?

◄) 结束 jiéshù 끝나다, 마치다

대화문을 통해서 두 단어를 활용해 봅시다.

TRACK 086

这件衣服合适吗?
Zhè jiàn yīfu héshì ma

我觉得这件衣服不太合适。
Wǒ juéde zhè jiàn yīfu bútài héshì

那我们走吧。
Nà wǒmen zǒu ba

你平时何时下班?
Nǐ píngshí héshí xiàbān

我平时下午五点下班。
Wǒ píngshí xiàwǔ wǔ diǎn xiàbān

▥ 平时 píngshí 평소, 평상시

▶ 이 옷은 맞습니까?
▶ 저는 이 옷이 그다지 맞지 않다고 생각합니다.

▶ 그러면 우리 가죠.
▶ 당신은 평소에 언제 퇴근하나요?
▶ 저는 평소에 오후 5시에 퇴근합니다.

合适 & 适合
héshì   shìhé

合适

合适과 适合의 의미는 모두 **적합하다, 적당하다, 알맞다**라는 의미이다.

合适 + 人 (✗)
형용사

对 + 人 + 合适
형용사

★ 这件衣服对你很合适。
Zhè jiàn yīfu duì nǐ hěn héshì
이 옷은 너한테 어울리다.

★ 这双鞋对她很合适。
Zhè shuāng xié duì tā hěn héshì
이 신발은 그녀에게 어울린다.

适合

适合 + 人 (○)
동사

★ 这件衣服适合你。
Zhè jiàn yīfu shìhé nǐ
이 옷은 너한테 어울려.

★ 红色比较适合他。
Hóngsè bǐjiào shìhé tā
빨간색은 그에게 비교적 어울린다.

综合练习 연습문제

1. 아래 한자에 한어병음을 쓰고 읽어보세요.

① 合适　　＿＿＿＿＿＿＿＿＿＿

② 何时　　＿＿＿＿＿＿＿＿＿＿

2. 다음 병음을 제시한 빈칸에 한자를 써넣으세요.

3. 아래 단어들을 잘 배열하여 문장을 만드세요.

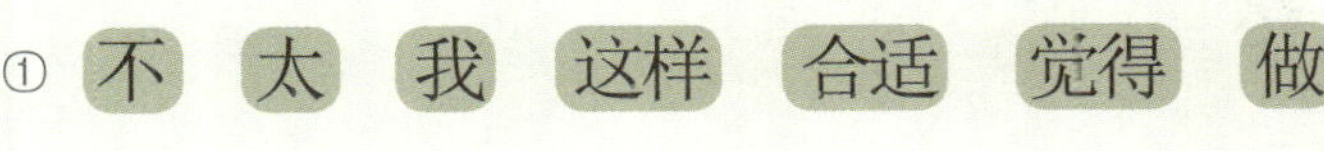

① 不　太　我　这样　合适　觉得　做

→ ＿＿＿＿＿＿＿＿＿＿＿＿＿＿＿＿＿＿＿

② 何时　你们　工作　能　才　完成

→ ＿＿＿＿＿＿＿＿＿＿＿＿＿＿＿＿＿＿＿

정 답

1. ① héshì　　　　② héshí
2. ① 合适　　　　② 何时
3. ① 我觉得这样做不太合适。　② 你们何时才能完成工作?

29 같은 발음

zhīdào   zhǐdǎo

zhīdào
知道
알다

Nǐ zhīdào tā ma
★ 你知道他吗？
당신은 그를 아세요?

Wǒ zǎo zhīdào nǐ shì hǎorén
★ 我早知道你是好人。
저는 일찍이 당신이 좋은 사람이라고 알고 있어요.

Wǒ zhīdào tā shì zěnme xiǎng de
★ 我知道他是怎么想的。
저는 그가 어떻게 생각하는지를 압니다.

Wǒ bù zhīdào zěnme gǎnxiè nǐ cái hǎo
★ 我不知道怎么感谢你才好。
저는 어떻게 당신에게 감사해야 할지 모르겠습니다.

◁ 感谢 gǎnxiè   감사하다

zhǐdǎo
指导
지도하다, 이끌다

Xièxie nín de zhǐdǎo

谢谢您的指导。

당신의 지도를 감사드립니다.

Qǐng nǐ duōjiā zhǐdǎo

请你多加指导。

많은 지도 부탁드립니다.

Jīnglǐ zhǐdǎo yèwù fāngzhēn

经理指导业务方针。

사장님은 업무 방침을 이끌었다.

Tā shì wǒ de lùnwén zhǐdǎo lǎoshī

他是我的论文指导老师。

그는 우리 논문 지도 선생님이다.

- 业务 yèwù　업무
- 方针 fāngzhēn　방침
- 论文 lùnwén　논문

TRACK 089

 你知道他吗?
Nǐ zhīdào tā ma

 当然知道, 他是我的教授。
Dāngrán zhīdào　tā shì wǒ de jiàoshòu

 是吗? 真没想到。
Shì ma　　Zhēn méi xiǎng dào

 他是我的论文指导老师。
Tā shì wǒ de lùnwén zhǐdǎo lǎoshī

 很多学生都喜欢他。
Hěn duō xuésheng dōu xǐhuan tā

 我也喜欢他。
Wǒ yě xǐhuan tā

知道 & 认识
zhīdào　　rènshi

知道와 认识 모두 **알다**라는 의미이다. 그러나 **认识**는 서로 얼굴을 알고 있는 것이고, **知道**는 나는 알지만 상대가 나를 아는지 모르는지는 확실하지 않다. 따라서 사람을 처음 만나 **당신을 알게 돼서 기쁩니다.**라고 할 때는 **认识**를 사용하여 말한다.

★ 认识你很高兴。
　Rènshi nǐ hěn gāoxìng

　당신을 알게 돼서 기쁩니다.

▶ 그를 아세요?
▶ 당연히 알죠, 그분은 제 교수님이세요.
▶ 그래요? 정말로 생각지도 못했어요.
▶ 게다가 제 논문 지도 선생님입니다.
▶ 많은 학생들이 그분을 좋아해요.
▶ 저도 그분을 좋아해요.

1. 아래 한자에 한어병음을 쓰고 읽어보세요.

① 知道 ＿＿＿＿＿＿＿＿

② 指导 ＿＿＿＿＿＿＿＿

2. 다음 병음을 제시한 빈칸에 한자를 써넣으세요.

3. 아래 단어들을 잘 배열하여 문장을 만드세요.

① 怎么 我 才 感谢 你 好 不知道

→ ＿＿＿＿＿＿＿＿＿＿＿＿＿＿＿＿

② 是 他 论文 我的 老师 指导

→ ＿＿＿＿＿＿＿＿＿＿＿＿＿＿＿＿

 정답

1. ① zhīdào   ② zhǐdǎo
2. ① 知道   ② 指导
3. ① 我不知道怎么感谢你才好。 ② 他是我的论文指导老师。

yìzhí　　yízhì

Yìzhí wǎng qián zǒu

⭐ 一直往前走。

앞으로 쭉 가세요.

Wàibiān yìzhí xiàyǔ

⭐ 外边一直下雨。

밖에는 줄곧 비가 온다.

Wǒmen liǎng ge rén yìzhí yǒu liánxì

⭐ 我们两个人一直有联系。

우리 둘은 계속 연락을 했다.

Wèn tā dǒngbudǒng, tā yìzhí bǎitóu

⭐ 问他懂不懂, 他一直摆头。

그에게 이해했냐고 물었는데, 그는 줄곧 고개를 저었다.

◂ 摆头 bǎitóu　　머리를 흔들다, 고개를 가로젓다

yízhì
一致
일치하다

Wǒ gēn tā de yìjiàn yízhì
⭐ 我跟他的意见一致。
저와 그의 으견이 일치합니다.

Dàjiā de yìjiàn jiànqū yízhì
⭐ 大家的意见渐趋一致。
그들의 의견디 점차 일치되었다.

Qǔdéle yízhì de yìjiàn
⭐ 取得了一致的意见。
일치된 의견을 얻었다.

Dédào quántǐ yízhì tóngyì
⭐ 得到全体一致同意。
만장일치의 동의를 얻었다.

▥ 渐趋　　jiànqū　　점차, 점점
▥ 全体　　quántǐ　　전체
▥ 全体一致 quántǐ yízhì 만장일치

방향

请问, 故宫怎么走?
Qǐngwèn, Gùgōng zěnme zǒu

一直往前走就到了。
Yìzhí wǎng qián zǒu jiù dào le

对了, 这件事怎么解决?
Duì le　　zhè jiàn shì zěnme jiějué

得到全体一致同意。
Dédào quántǐ yízhì tóngyì

太好了。
Tài hǎo le

★ 东边	dōngbiān	동쪽
★ 西边	xībiān	서쪽
★ 南边	nánbiān	남쪽
★ 北边	běibiān	북쪽
★ 前边	qiánbiān	앞쪽
★ 后边	hòubiān	뒤쪽
★ 上边	shàngbiān	위쪽
★ 下边	xiàbiān	아래쪽
★ 旁边	pángbiān	옆쪽
★ 向左拐	xiàng zuǒ guǎi	좌회전하다
★ 向右拐	xiàng yòu guǎi	우회전하다
★ 往前走	wǎng qián zǒu	직진하다
★ 十字路口	shízì lùkǒu	사거리

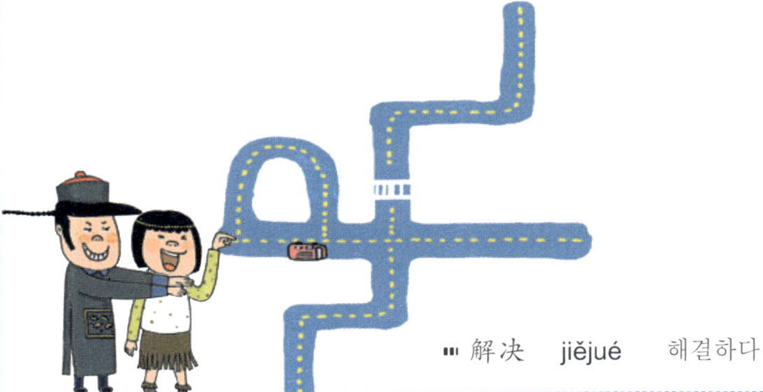

■ 解决　jiějué　해결하다

▶ 실례지만, 고궁은 어떻게 가죠?
▶ 계속 앞으로 가면 바로 도착합니다.

▶ 아 맞다, 이 일 어떻게 해결됐어요?
▶ 만장일치의 동의를 얻었습니다.
▶ 잘 됐네요.

综合练习 연습문제

1. 아래 한자에 한어병음을 쓰고 읽어보세요.

① 一直 　＿＿＿＿＿＿

② 一致 　＿＿＿＿＿＿

2. 다음 병음을 제시한 빈칸에 한자를 써넣으세요.

① ＿＿＿＿往前走。
yìzhí

② 我跟他的意见＿＿＿＿。
yízhì

3. 아래 단어들을 잘 배열하여 문장을 만드세요.

① 一直　问　他　摆头　懂不懂　他

→ ＿＿＿＿＿＿＿＿＿＿＿＿＿＿＿＿

② 同意　全体　一致　得到

→ ＿＿＿＿＿＿＿＿＿＿＿＿＿＿＿＿

정답
1. ① yìzhí　② yízhì
2. ① 一直　② 一致
3. ① 问他懂不懂，他一直摆头。　② 得到全体一致同意。

만두와 교자?

🇰🇷 만두

만두 피 속에 야채와 고기 등의 소를 넣고 빚은 음식

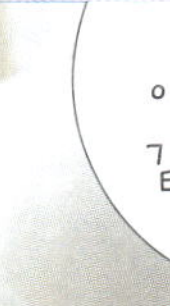

한국어	중국어
꽃빵, 찐빵	馒头 만토우
호빵, 소가 든 찐빵	包子 빠오즈
만두 饅頭	饺子 지아오즈

gàosu　gāosù

gàosu
告诉
알리다

Wǒ gàosu nǐ
我告诉你。
내가 네게 알려줄게.

Tā gàosu wǒ yí jiàn shì
他告诉我一件事。
그는 내게 이 일을 알려주었다.

Xiàchē de shíhou, néng gàosu wǒ ma
下车的时候，能告诉我吗？
내릴 때, 제게 알려주시겠어요?

Tā bǎ tā de xiǎngfǎ gàosule wǒ
他把他的想法告诉了我。
그는 그의 생각을 내게 알려주었다.

gāosù
高速
고속

Wǒmen zǒu gāosù gōnglù ba

⭐ 我们走高速公路吧。

우리 고속도로로 갑시다.

Jīqì gāosù yùnzhuǎn

⭐ 机器高速运转。

기계는 고속으로 작동된다.

Gāosù gōnglù shàng dǔchē le

⭐ 高速公路上堵车了。

고속도로에서 차가 밀렸다.

Gāosù gōnglù shàng bù dǔchē le

⭐ 高速公路上不堵车了。

고속도로에서 차가 밀리지 않았다.

公路	gōnglù	도로
机器	jīqì	기계, 기기
运转	yùnzhuǎn	(기계를)운전하다, (기계가)돌아가다

대화문을 통해서 두 단어를 활용해 봅시다.

我们走高速公路吗?
Wǒmen zǒu gāosù gōnglù ma

是, 我们走高速公路。
Shì wǒmen zǒu gāosù gōnglù

现在没有堵车吗?
Xiànzài méiyou dǔchē ma

现在没有堵车。
Xiànzài méiyou dǔchē

下车的时候, 能告诉我吗?
Xiàchē de shíhou   néng gàosu wǒ ma

没问题。
Méiwèntí

고통수단

★ 汽车　　qìchē　　자동차
★ 巴士　　bāshì　　버스
★ 出租车　chūzūchē　택시
★ 地铁　　dìtiě　　지하철
★ 火车　　huǒchē　　기차
★ 飞机　　fēijī　　비행기
★ 卡车　　kǎchē　　트럭
★ 轿车　　jiàochē　　승용차
★ 摩托车　mótuōchē　오토바이
★ 缆车　　lǎnchē　　케이블카
★ 货车　　huòchē　　화물차
★ 跑车　　pǎochē　　스포츠카
★ 房车　　fángchē　　캠핑카

▶ 우리 고속도로로 가나요?
▶ 네, 우리는 고속도로로 갑니다.
▶ 지금 막히지 않나요?
▶ 지금 막히지 않아요.
▶ 내릴 때, 제게 알려주시겠어요?
▶ 문제없어요.

综合练习　연습문제

1. 아래 한자에 한어병음을 쓰고 읽어보세요.

　① 告诉　　　＿＿＿＿＿＿＿＿

　② 高速　　　＿＿＿＿＿＿＿＿

2. 다음 병음을 제시한 빈칸에 한자를 써넣으세요.

3. 아래 단어들을 잘 배열하여 문장을 만드세요.

그는 그의 생각을
내게 알려 주었다.

　→ ＿＿＿＿＿＿＿＿＿＿＿＿＿＿＿＿

고속도로에서 차가
밀리지 않았다.

　→ ＿＿＿＿＿＿＿＿＿＿＿＿＿＿＿＿

정답

1. ① gàosu　　　　② gāosù
2. ① 告诉　　　　　② 高速
3. ① 他把他的想法告诉了我。　② 高速公路上不堵车了。

mǎilì   mèilì

měilì

美丽

아름답다

Tā hěn měilì

⭐ 她很**美丽**。

그녀는 아름답다.

Tā tèbié měilì

⭐ 她特别**美丽**。

그녀는 매우 아름답다.

Wǒ yǒu měilì de jìyì

⭐ 我有**美丽**的记忆。

나는 아름다운 기억이 있다.

Fēngjǐng hěn měilì

⭐ 风景很**美丽**。

경치가 아름답다.

- 记忆 jìyì   기억
- 风景 fēngjǐng   풍경, 경치

mèilì

魅力

매력

Tā yǒu mèilì

☆ 她有**魅力**。

그녀는 매력이 있다.

Tā yǒu hěn duō mèilì

☆ 她有很多**魅力**。

그녀는 많은 매력이 있다.

Tā de mèilì shì shénme

☆ 她的**魅力**是什么?

그녀의 매력은 무엇입니까?

Tā de mèilì yǒu hěn duō

☆ 她的**魅力**有很多。

그녀의 매력은 매우 많다.

외모

 你认识她吗?
Nǐ rènshi tā ma

 我认识她。怎么了?
Wǒ rènshi tā　　Zěnme le

 她很美丽。你觉得呢?
Tā hěn měilì　　Nǐ juéde ne

 我也觉得她很美丽。
Wǒ yě juéde tā hěn měilì

 她有很多魅力。
Tā yǒu hěn duō mèilì

★ 漂亮	piàoliang	예쁘다
★ 可爱	kě'ài	귀엽다
★ 帅	shuài	잘생기다
★ 丑	chǒu	못생기다
★ 年轻	niánqīng	젊다
★ 成熟	chéngshú	성숙되다
★ 朴素	pǔsù	수수하다
★ 优雅	yōuyǎ	우아하다
★ 胖	pàng	뚱뚱하다
★ 瘦	shòu	마르다
★ 素面	sùmiàn	생얼
★ 身材	shēncái	몸매

▶ 너 그녀 알아?
▶ 나는 그녀를 알아. 왜?
▶ 그녀는 아름다워. 너는 어떻게 생각해?
▶ 나도 그녀가 아름답다고 생각해.
▶ 그녀는 많은 매력이 있어.

综合练习 연습문제

1. 아래 한자에 한어병음을 쓰고 읽어보세요.

　① 美丽　＿＿＿＿＿＿＿＿

　② 魅力　＿＿＿＿＿＿＿＿

2. 다음 병음을 제시한 빈칸에 한자를 써넣으세요.

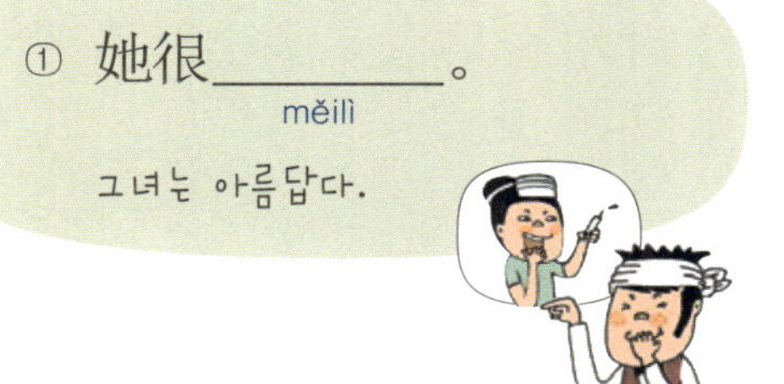

3. 아래 단어들을 잘 배열하여 문장을 만드세요.

　① 美丽　风景　很

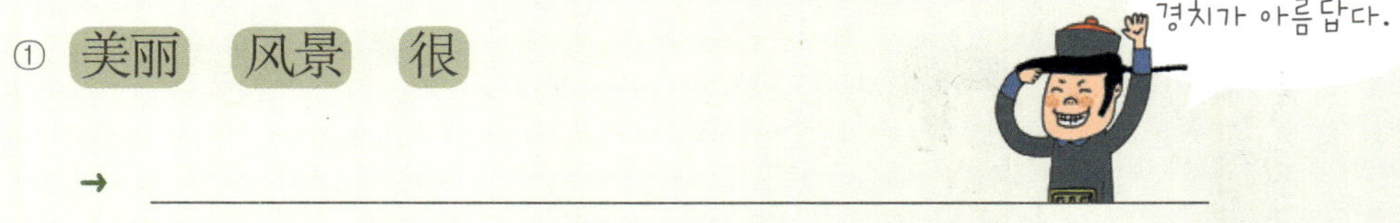

　→ ＿＿＿＿＿＿＿＿＿＿＿

　② 很　多　她　的　魅力　有

　→ ＿＿＿＿＿＿＿＿＿＿＿

정답

1. ① měilì　　　② mèilì
2. ① 美丽　　　② 魅力
3. ① 风景很美丽。　② 她的魅力有很多。

lìshǐ　lìshì

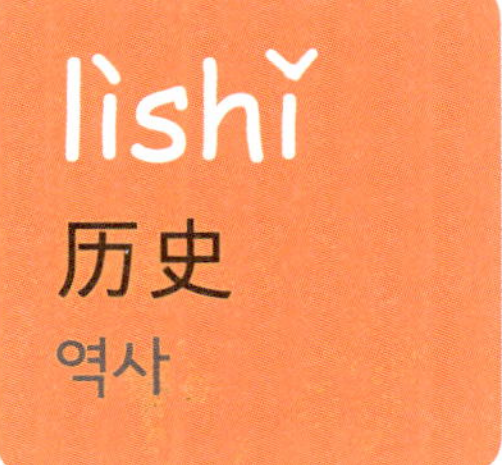

lìshǐ

历史

역사

Tā xǐhuan lìshǐ

他喜欢**历史**。

그는 역사를 좋아한다.

Wǒ xǐhuan lìshǐ xiǎoshuō

我喜欢**历史**小说。

나는 역사소설을 좋아한다.

Hánguó yǒu hěn duō nián de lìshǐ

韩国有很多年的**历史**。

한국은 오랜 역사가 있다.

Suǒyǒu de guójiā dōu yǒu lìshǐ

所有的国家都有**历史**。

모든 국가는 모두 역사를 가지고 있다.

▥ 所有 suǒyǒu　　모든, 전부의

lǐshì

理事

이사

Tā shì lǐshì

他是理事。

그는 이사이다.

Tā xiǎng dāng lǐshì

他想当理事。

그는 이사가 되고 싶어 한다.

Lǐshì de dìwèi gāo ma

理事的地位高吗?

이사의 지위는 높습니까?

Tā shì lǐshì huì de huìzhǎng

他是理事会的会长。

그는 이사회의 회장이다.

대화문을 통해서 두 단어를 활용해 봅시다.

 你喜欢哪个课程?
Nǐ xǐhuan nǎge kèchéng

 我喜欢历史课程。
Wǒ xǐhuan lìshǐ kèchéng

 那以后你想当历史家吗?
Nà yǐhòu nǐ xiǎng dāng lìshǐjiā ma

 我想当历史家。你呢?
Wǒ xiǎng dāng lìshǐjiā　　Nǐ ne

 我想当公司的理事。
Wǒ xiǎng dāng gōngsī de lǐshì

 理事的地位高吗?
Lǐshì de dìwèi gāo ma

직업

★ 秘书	mìshū	비서
★ 司机	sījī	기사
★ 记者	jìzhě	기자
★ 编辑	biānjí	편집자
★ 翻译家	fānyìjiā	번역사
★ 建筑师	jiànzhùshī	건축가
★ 科学家	kēxuéjiā	과학자
★ 律师	lǜshī	변호사
★ 厨师	chúshī	요리사
★ 军人	jūnrén	군인
★ 公务员 gōngwùyuán		공무원

▥ 课程 kèchéng 교육과정, 커리큘럼

▶ 너는 어떤 수업을 좋아하니?
▶ 나는 역사수업을 좋아해.
▶ 그러면 이후에 너는 역사가가 되고 싶어?
▶ 나는 역사학자가 되고 싶어, 너는?
▶ 나는 회사의 이사가 되고 싶어.
▶ 이사의 지위가 높아?

综合练习 **연습문제**

1. 아래 한자에 한어병음을 쓰고 읽어보세요.

   ① 历史 ＿＿＿＿＿＿＿＿＿

   ② 理事 ＿＿＿＿＿＿＿＿＿

2. 다음 병음을 제시한 빈칸에 한자를 써넣으세요.

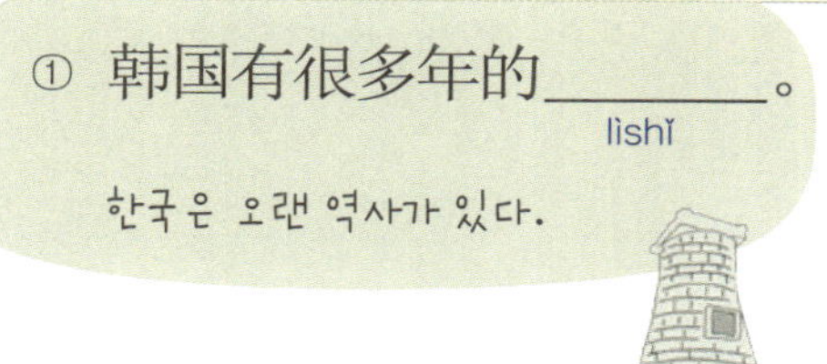

3. 아래 단어들을 잘 배열하여 문장을 만드세요.

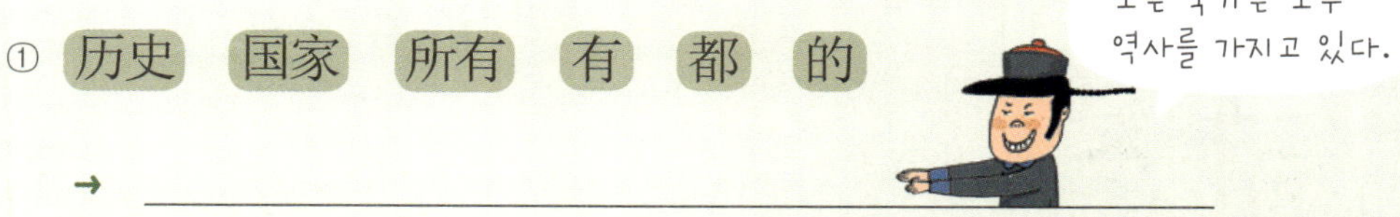

정답

1. ① lìshǐ　　② lǐsh
2. ① 历史　　② 理事
3. ① 所有的国家都有历史。　② 他是理事会的会长。

Sījī, wǒ yào qù Gùgōng

★ 司机, 我要去故宫。

기사님, 저는 고궁에 가려고 합니다.

Wǒ shì chūzūqìchē de sījī

★ 我是出租汽车的司机。

저는 택시 기사입니다.

Sījī gàosu wǒ kěnéng huì dǔchē

★ 司机告诉我可能会堵车。

기사는 아마도 차가 막힐 거라고 말했다.

Tā de bàba shì gōnggòngqìchē de sījī

★ 他的爸爸是公共汽车的司机。

그의 아빠는 버스기사이다.

‖‖ 故宫 gùgōng   고궁

Tā yǒushíhou sǐjī

⭐ 它有时侯死机。

그것은 때때로 다운된다.

Wǒ de shǒujī jīngcháng sǐjī

⭐ 我的手机经常死机。

내 핸드폰은 자주 다운된다.

Wǒ de diànnǎo tūrán sǐjī le

⭐ 我的电脑突然死机了。

내 컴퓨터는 갑자기 다운됐다.

Wèishénme zhème jīngcháng sǐjī

⭐ 为什么这么经常死机?

왜 이렇게 자주 다운되지?

▥ 有时侯 yǒushíhou   때때로
▥ 经常   jīngcháng   항상, 자주 (규칙적인 반복)
▥ 突然   tūrán   갑자기

TRACK 104

司机, 我要去北京酒店。
Sījī　　wǒ yào qù Běijīng jiǔdiàn

好的, 你想往哪个方向走?
Hǎo de　nǐ xiǎng wǎng nǎge fāngxiàng zǒu

怎么方便就怎么走。
Zěnme fāngbiàn jiù zěnme zǒu

司机, 导航死机了。
Sījī　　dǎoháng sǐjī le

没关系, 它经常这样。
Méiguānxì　tā jīngcháng zhèyàng

你按一下复位按钮。
Nǐ àn yíxià fùwèi ànniǔ

컴퓨터

★ 笔记本　bǐjìběn　노트북
★ 显示器　xiǎnshìqì　모니터
★ 键盘　jiànpán　키보드
★ 鼠标　shǔbiāo　마우스
★ 内存　nèicún　메모리
★ 网卡　wǎngkǎ　랜카드
★ 扫描　sǎomiáo　스캔
★ 点击　diǎnjī　클릭
★ 光标　guāngbiāo　커서
★ 重启　chóngqǐ　재부팅

▪ 导航　dǎoháng　네비게이션
▪ 按　àn　(손이나 손가락 등으로) 누르다
▪ 复位按钮　fùwèi ànniǔ　리셋 버튼

▶ 기사님, 저는 베이징호텔 가려고 합니다.
▶ 알겠어요, 어느 방향으로 가길 원하세요?
▶ 편한 곳으로 가 주세요.
　기사님, 네비게이션이 다운됐어요.
▶ 괜찮아요, 자주 다운돼요.
▶ 리셋 버튼 한 번 눌러 보세요.

综合练习　연습문제

1. 아래 한자에 한어병음을 쓰고 읽어보세요.

① 司机　　＿＿＿＿＿＿＿

② 死机　　＿＿＿＿＿＿＿

2. 다음 병음을 제시한 빈칸에 한자를 써넣으세요.

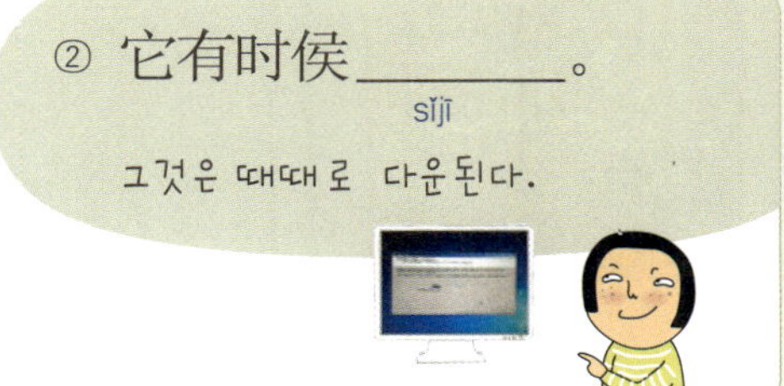

3. 아래 단어들을 잘 배열하여 문장을 만드세요.

① 爸爸　他　司机　是　的　公共汽车的

→ ＿＿＿＿＿＿＿＿＿＿＿＿＿＿＿＿

② 死机　这么　为什么　经常

→ ＿＿＿＿＿＿＿＿＿＿＿＿＿＿＿＿

정답

1. ① sījī　　　　　　　② sǐjī
2. ① 司机　　　　　　② 死机
3. ① 他的爸爸是公共汽车的司机。　② 为什么这么经常死机?

wùhuì　　wǔhuì

wùhuì
误会
오해하다

Qǐng búyào wùhuì
★ 请不要误会。
오해하지 마세요.

Nǐ bié wùhuì
★ 你别误会。
당신 오해하지 마세요.

Nǐ wùhuì le
★ 你误会了。
당신이 오해했어요.

Wǒ wùhuìle tā de yìsi
★ 我误会了他的意思。
나는 그의 뜻을 오해했다.

Nǐ xǐhuan qù wǔhuì ma
⭐ 你喜欢去舞会吗?
당신은 무도회 가는 것 좋아하세요?

Wǒ yào qù cānjiā wǔhuì
⭐ 我要去参加舞会。
저는 무도회에 참가하려고 합니다.

Míngtiān wǎnshang yǒu wǔhuì
⭐ 明天晚上有舞会。
내일 저녁에 무도회가 있다.

Wǔhuì shàng nǐ zuì piàoliang
⭐ 舞会上你最漂亮。
무도회에서 네가 가장 예쁘다.

대화문을 통해서 두 단어를 활용해 봅시다.

 你喜欢去舞会吗?
Nǐ xǐhuan qù wǔhuì ma

 我不太喜欢。你要去吗?
Wǒ bútài xǐhuan　　nǐ yào qù ma

 我要去参加舞会。
Wǒ yào qù cānjiā wǔhuì

 我不喜欢那样的地方。
Wǒ bù xǐhuan nàyàng de dìfang

 那样的地方?
Nàyàng de dìfang

 我误会了你的意思。
Wǒ wùhuìle nǐ de yìsi

춤

★ 健美操　　jiànměicāo
에어로빅

★ 有氧舞蹈　yǒuyǎng wǔdǎo
에어로빅댄스

★ 爵士舞　　juéshìwǔ
재즈댄스

★ 街舞　　　jiēwǔ
힙합댄스

★ 肚皮舞　　dùpíwǔ
벨리댄스

★ 莎莎舞　　shāshāwǔ
살사댄스

▶ 당신은 무도회에 가는 것을 좋아해요?
▶ 저는 그다지 좋아하지 않아요. 당신은 가려고요?
▶ 저는 무도회에 참가하려고 합니다.
▶ 저는 그런 곳을 좋아하지 않아요.
▶ 그런 곳이요?
▶ 제가 당신의 의미를 오해했어요.

综合练习 연습문제

1. 아래 한자에 한어병음을 쓰고 읽어보세요.

① 误会 ＿＿＿＿＿＿＿

② 舞会 ＿＿＿＿＿＿＿

2. 다음 병음을 제시한 빈칸에 한자를 써넣으세요.

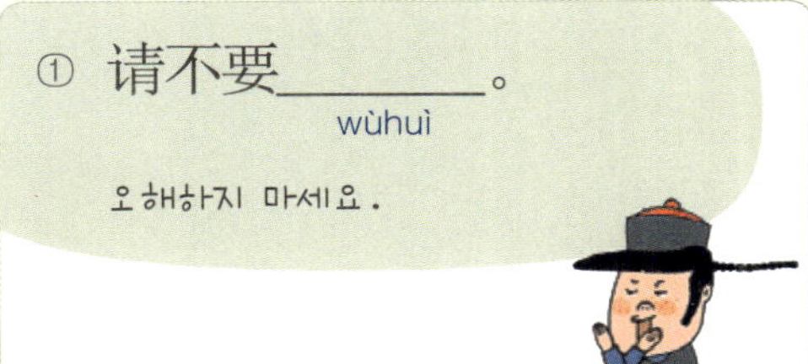

3. 아래 단어들을 잘 배열하여 문장을 만드세요.

① 他的　我　误会　了　意思

→ ＿＿＿＿＿＿＿＿＿＿＿＿

② 你　漂亮　最　舞会　上

→ ＿＿＿＿＿＿＿＿＿＿＿＿

정답

1. ① wùhuì　② wǔhuì
2. ① 误会　② 舞会
3. ① 我误会了他的意思。　② 舞会上你最漂亮。

lízi   lìzi

lízi

梨子

배

Zhège lízi hěn hǎochī

⭐ 这个梨子很好吃。

이 배는 맛있다.

Zhège lízi hěn tián

⭐ 这个梨子很甜。

이 배는 달다.

Shuǐguǒ lǐ yǒu píngguǒ、 lízi、 shìzi děng

⭐ 水果里有苹果、梨子、柿子等。

과일에는 사과, 배, 감 등이 있다.

Nánnǚ zhī jiān bù chī lízi

⭐ 男女之间不吃梨子。

남녀 사이에는 배를 먹지 않는다.

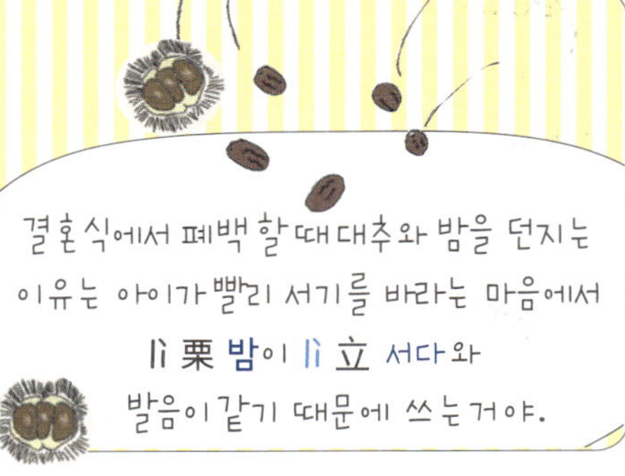

lìzi
栗子
밤

Wǒ bāo lìzi chī
⭐ **我剥栗子吃。**
나는 밤을 까 먹는다.

Wǒ zhāile lìzi
⭐ **我摘了栗子。**
나는 밤을 땄다.

Wǒ bāo máo lìzi
⭐ **我剥毛栗子。**
나는 밤송이를 깠다.

Máo lìzi lièkāi le
⭐ **毛栗子裂开了。**
밤송이가 벌어졌다.

- 剥　bāo　(껍질 등을) 벗기다, 까다
- 摘　zhāi　따다, 꺾다, 뜯다
- 裂开　lièkāi　벌어지다

你最喜欢的水果是什么?
Nǐ zuì xǐhuan de shuǐguǒ shì shénme

我最喜欢梨子。
Wǒ zuì xǐhuan lízi

你昨天干什么了?
Nǐ zuótiān gàn shénme le

我昨天摘了栗子。
Wǒ zuótiān zhāile lìzi

吃了吗?
Chīle ma

当然吃了。
Dāngrán chī le

▶ 네가 가장 좋아하는 과일이 뭐야?
▶ 나는 배를 가장 좋아해.
▶ 너는 어제 뭐했어?
▶ 나는 어제 밤을 땄어.
▶ 먹었어?
▶ 당연히 먹었지.

과일

	苹果	píngguǒ	사과
	西瓜	xīguā	수박
	桃	táo	복숭아
	柿子	shìzǐ	감
	葡萄	pútáo	포도
	草莓	cǎoméi	딸기
	杏	xìng	살구
	石榴	shíliú	석류
	香蕉	xiāngjiāo	바나나
	薄萝	báoluó	파인애플
	椰子	yēzǐ	야자
	哈密瓜	hāmìguā	멜론
	芒果	mángguǒ	망고
	狝猴桃	míhóutáo	키위
	木瓜	mùguā	파파야
	樱桃	yīngtáo	앵두
	榴莲	liúlián	두리안

1.　아래 한자에 한어병음을 쓰고 읽어보세요.

　　① 梨子　　＿＿＿＿＿＿＿＿

　　② 栗子　　＿＿＿＿＿＿＿＿

2.　다음 병음을 제시한 빈칸에 한자를 써넣으세요.

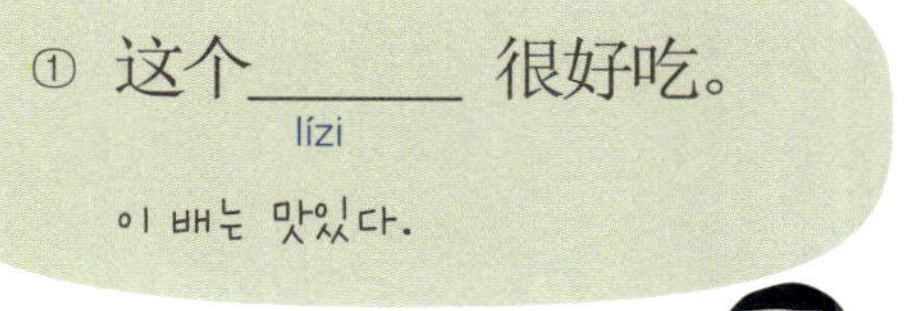

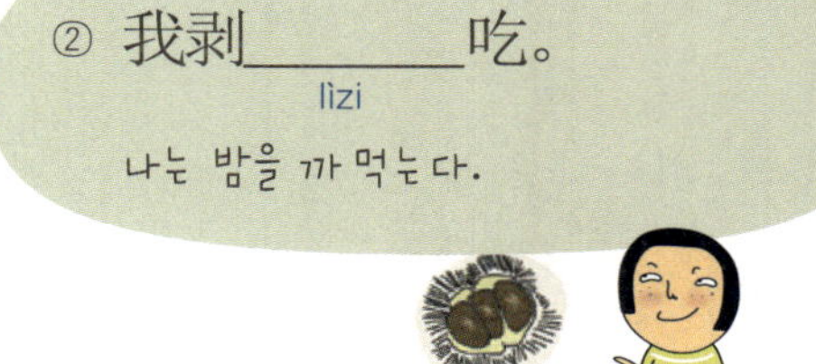

3.　아래 단어들을 잘 배열하여 문장을 만드세요.

　　① 梨子　吃　男女　之　间　不

　　→ ＿＿＿＿＿＿＿＿＿＿＿＿＿＿＿＿

　　② 裂开　毛栗子　了

　　→ ＿＿＿＿＿＿＿＿＿＿＿＿＿＿＿＿

정 답

1. ① lízi　　　　② lìzi
2. ① 梨子　　　　② 栗子
3. ① 男女之间不吃梨子。　② 毛栗子裂开了。

같은 발음

다른 성조

TRACK 112

shǒujī

shōují

Jīntiān wǒ mǎile shǒujī

今天我买了手机。

오늘 나는 핸드폰을 샀다.

Zhège shì nǐ de shǒujī ma

这个是你的手机吗?

이것은 네 핸드폰이니?

Wǒ kěyǐ yòng nǐ de shǒujī ma

我可以用你的手机吗?

제가 당신의 핸드폰을 쓸 수 있을까요?

Nǐ de shǒujī hàomǎ shì duōshao

你的手机号码是多少?

당신의 핸드폰 번호가 몇 번인가요?

shōují

收集

수집하다

Nǐ shōují duōjiǔ le
★ 你收集多久了?
당신은 얼마동안 수집했어요?

Wǒ gāng kāishǐ shōují de
★ 我刚开始收集的。
저는 막 수집을 시작했습니다.

Wǒ de àihào shì shōují yóupiào
★ 我的爱好是收集邮票。
내 취미는 우표수집이다.

Wǒ shōujíle bù shǎo de yóupiào
★ 我收集了不少的邮票。
나는 적지 않은 우표를 수집했다.

▥ 邮票 yóupiào   우표

你的爱好是什么?
Nǐ de àihào shì shénme

我的爱好是收集明信片。
Wǒ de àihào shì shōují míngxìnpiàn

你收集多久了?
Nǐ shōují duōjiǔ le

我收集了十年多了。
Wǒ shōujíle shí nián duō le

我想知道你的手机号码。
Wǒ xiǎng zhīdào nǐ de shǒujī hàomǎ

我的手机号码是010-1234-5678。
Wǒ de shǒujī hàomǎ shì líng yāo líng yāo èr sān sì wǔ liù qī bā

■■ 明信片 míngxìnpiàn 엽서

취미		
★ 唱歌	chànggē	노래하기
★ 跳舞	tiàowǔ	춤추기
★ 看书	kànshū	독서하기
★ 旅游	lǚyóu	여행하기
★ 逛街	guàngjiē	쇼핑하기
★ 开车	kāichē	운전하기
★ 做菜	zuòcài	요리하기
★ 写作	xiězuò	글쓰기
★ 弹琴	tánqín	피아노 치기
★ 跑步	pǎobù	달리기
★ 踢球	tīqiú	축구하기
★ 健身	jiànshēn	헬스하기
★ 摄影	shèyǐng	촬영하기
★ 看电影 kàn diàn yǐng		영화보기

▶ 당신의 취미는 무엇입니까?
▶ 제 취미는 엽서 수집입니다.
▶ 당신은 얼마나 수집했나요?
▶ 저는 십 년 정도 수집했습니다.
▶ 저는 당신의 핸드폰 번호를 알고 싶습니다.
▶ 제 번호는 010-1234-5678입니다.

综合练习 연습문제

1. 아래 한자에 한어병음을 쓰고 읽어보세요.

   ① 手机　　　＿＿＿＿＿＿＿＿＿

   ② 收集　　　＿＿＿＿＿＿＿＿＿

2. 다음 병음을 제시한 빈칸에 한자를 써넣으세요.

3. 아래 단어들을 잘 배열하여 문장을 만드세요.

   ① 手机　你　的　多少　是　号码

   → ＿＿＿＿＿＿＿＿＿＿＿＿＿＿＿

   ② 我　邮票　不少　的　收集　了

   → ＿＿＿＿＿＿＿＿＿＿＿＿＿＿＿

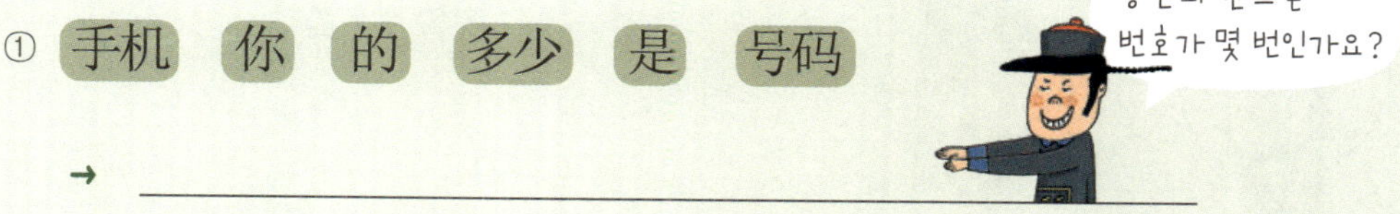

정답

1. ① shǒujī　　② shōují
2. ① 手机　　② 收集
3. ① 你的手机号码是多少?　② 我收集了不少的邮票。

38

hùshi　hūshì

hùshi
护士
간호사

Tā shì ge hùshi
⭐ 她是个护士。
그녀는 간호사입니다.

Wǒ xiǎng dāng ge hùshi
⭐ 我想当个护士。
저는 간호사가 되고 싶습니다.

Wǒ de nǚ péngyou shì ge hùshi
⭐ 我的女朋友是个护士。
제 여자 친구는 간호사입니다.

Yīyuàn lǐ méiyou hùshi
⭐ 医院里没有护士。
병원 안에 간호사가 없다.

hūshì

忽视

소홀히 하다,
무시하다

Bié hūshì

⭐ 别忽视!

무시하지 마!

Wǒ bùnéng hūshì xuéxí

⭐ 我不能忽视学习。

나는 공부를 소홀히 할 수 없다.

Nǐ búyào hūshì wǒ

⭐ 你不要忽视我。

너 나를 무시하지 마.

Tā hūshìle tā de péngyou

⭐ 他忽视了他的朋友。

그는 그의 친구를 무시한다.

你的女朋友做什么工作?
Nǐ de nǚ péngyou zuò shénme gōngzuò

我的女朋友是个护士。
Wǒ de nǚ péngyou shì ge hùshi

你有什么工作?
Nǐ yǒu shénme gōngzuò

我要找工作。
Wǒ yào zhǎo gōngzuò

原来如此。
Yuánlái rúcǐ

有时侯她忽视我。
Yǒushíhou tā hūshì wǒ

병원

★ 外科	wàikē	외과
★ 骨科	gǔkē	정형외과
★ 内科	nèikē	내과
★ 小儿科	xiǎo'érkē	소아과
★ 牙科	yákē	치과
★ 神经科	shénjīngkē	정신과
★ 眼科	yǎnkē	안과
★ 皮肤科	pífūkē	피부과
★ 产科	chǎnkē	산부인과
★ 泌尿科	mìniàokē	비뇨기과

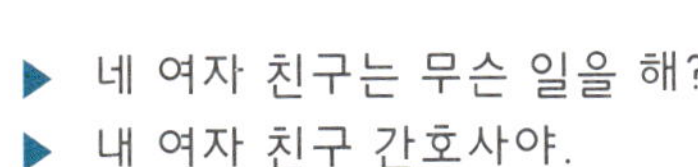

- ▶ 네 여자 친구는 무슨 일을 해?
- ▶ 내 여자 친구 간호사야.
- ▶ 너는 무슨 일 해?
- ▶ 나는 일을 찾으려고 해.
- ▶ 그렇구나.
- ▶ 때때로 그녀가 날 무시해.

1. 아래 한자에 한어병음을 쓰고 읽어보세요.

① 护士 _______________

② 忽视 _______________

2. 다음 병음을 제시한 빈칸에 한자를 써넣으세요.

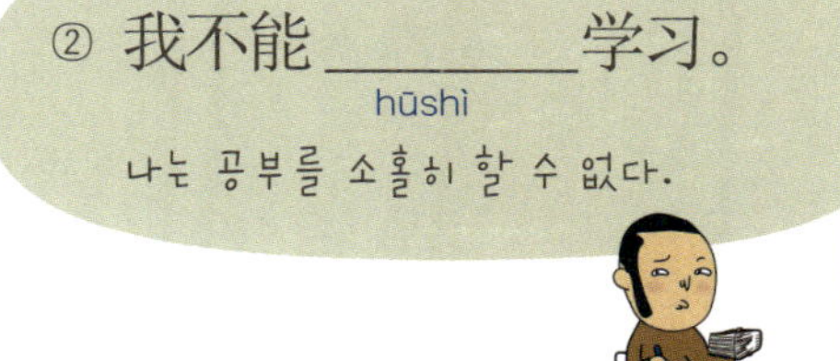

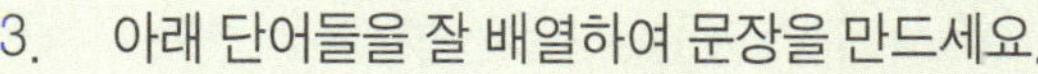

3. 아래 단어들을 잘 배열하여 문장을 만드세요.

① 护士 医院 里 没有

→ _______________

② 他 的 他 朋友 忽视 了

→ _______________

정답

1. ① hùshi   ② hūshì
2. ① 护士   ② 忽视
3. ① 医院里没有护士。   ② 他忽视了他的朋友。

39

zhǐjia

zhǐjiǎ

---

zhǐjia

指甲

손톱

★ *Wǒ jiǎnle zhǐjia*
我剪了指甲。
나는 손톱을 깎았다.

★ *Wǒ yào xiū zhǐjia*
我要修指甲。
나는 손톱을 다듬으려고 한다.

★ *Wǒ de zhǐjia pī le*
我的指甲披了。
내 손톱이 갈라졌다.

★ *Néng bāng wǒ zuò zhǐjia ma*
能帮我做指甲吗?
손톱 손질 좀 해줄 수 있나요?

▥ 剪 jiǎn 자르다, 깎다
▥ 披 pī 갈라지다

zhǐjiǎ

趾甲

발톱

Wǒ jiǎnle zhǐjiǎ
我剪了趾甲。
나는 발톱을 깎았다.

Wǒ yào xiū zhǐjiǎ
我要修趾甲。
나는 발톱을 다듬으려고 한다.

Wǒ de zhǐjiǎ pī le
我的趾甲披了。
내 발톱이 갈라졌다.

Néng bāng wǒ zuò zhǐjiǎ ma
能帮我做趾甲吗？
발톱 손질 좀 해줄 수 있나요?

TRACK 119

다섯 손가락

 我要指甲彩绘。
Wǒ yào zhǐjia cǎihuì

 我也想去那个地方。
Wǒ yě xiǎng qù nàge dìfang

 我们一起去吧。
Wǒmen yìqǐ qù ba

趾甲披了，能帮做趾甲吗？
zhǐjiǎ pī le　　néng bāng zuò zhǐjiǎ ma

 应该没问题。
Yīnggāi méiwèntí

★ 大母指　dàmǔzhǐ
엄지손가락

★ 二拇指　èrmǔzhǐ
검지, 집게손가락

★ 中拇指　zhōngmǔzhǐ
중지 손가락

★ 无名指　wúmíngzhǐ
약지 손가락

★ 小拇指　xiǎomǔzhǐ
새끼손가락

▥ 指甲彩绘　zhǐjia cǎihuì　네일아트

▶ 나는 네일아트 하려고 해.
▶ 나도 거기 가고 싶어.
▶ 우리 함께 가자.
　발톱이 갈라졌는데, 손질 해줄 수 있겠지?
▶ 당연히 문제없을 거야.

1. 아래 한자에 한어병음을 쓰고 읽어보세요.

① 指甲　　　_______________

② 趾甲　　　_______________

2. 다음 병음을 제시한 빈칸에 한자를 써넣으세요.

① 我剪了________。
zhǐjia
나는 손톱을 깎았다.

② 我要修________。
zhǐjiǎ
나는 발톱을 다듬으려고 한다.

3. 아래 단어들을 잘 배열하여 문장을 만드세요.

① 我　能　吗　做　帮　指甲

→ _______________________________

② 披　我　的　趾甲　了

→ _______________________________

정 답

1. ① zhǐjia　　　② zhǐjiǎ
2. ① 指甲　　　② 趾甲
3. ① 能帮我做指甲吗?　　　② 我的趾甲披了。

gōnglǐ　gōnglí

Háiyǒu sān gōnglǐ
还有三公里。
아직 3킬로미터가 남았다.

Nǐ měitiān pǎo duōshao gōnglǐ
你每天跑多少公里？
당신은 매일 몇 킬로미터를 뛰나요?

Zhè tiáo hé yǒu yì gōnglǐ kuān
这条河有1公里宽。
이 강의 너비는 1킬로미터이다.

Quánchéng dàgài qī gōnglǐ
全程大概七公里。
전체 거리는 대략 7킬로미터이다.

▪ 宽　kuān　（폭이）넓다

gōnglǐ
公厘
밀리미터

Zhège duōshao gōnglǐ

★ **这个多少公厘？**

이것은 몇 밀리미터입니까?

Nǐ xūyào duōshao gōnglǐ

★ **你需要多少公厘？**

당신은 몇 밀리미터 필요하나요?

Zhège cái yì gōnglǐ

★ **这个才1公厘。**

이것은 겨우 1밀리미터입니다.

Sān gōnglǐ jiù hěn hòu de

★ **三公厘就很厚的。**

3밀리미터는 두꺼운 겁니다.

我要减肥。
Wǒ yào jiǎnféi

我们每天一起运动吧。
Wǒmen měitiān yìqǐ yùndòng ba

你每天跑多少公里?
Nǐ měitiān pǎo duōshao gōnglǐ

我每天跑十公里。
Wǒ měitiān pǎo shí gōnglǐ

对了, 这个多少公厘?
Duìle　zhège duōshao gōnglí

我也不太清楚。
Wǒ yě bútài qīngchu

도량형

- ★ 日米 mǐ　　　　미터
- ★ 毫米 háomǐ　　밀리미터
- ★ 厘米 límǐ　　　센티미터
- ★ 公里 gōnglǐ　　킬로미터
- ★ 分米 fènmǐ　　데시미터
- ★ 克 kè　　　　그램
- ★ 毫克 háokè　　밀리그램
- ★ 公斤 gōngjīn　킬로그램
- ★ 吨 dūn　　　　톤
- ★ 两 liǎng　　　냥
- ★ 斤 jīn　　　　근
- ★ 英寸 yīngcùn　인치
- ★ 升 shēng　　　리터
- ★ 毫升 háoshēng밀리리터

▥ 减肥 jiǎnféi　　살을 빼다, 다이어트하다
▥ 运动 yùndòng　운동(하다)

- ▶ 저는 다이어트 하려고 해요.
- ▶ 우리 매일 같이 운동합시다.
- ▶ 당신은 매일 몇 킬로미터 뛰세요?
- ▶ 저는 매일 10킬로미터 뜁니다.

- ▶ 맞다, 이것은 몇 밀리미터입니까?
- ▶ 저도 잘 모르겠습니다.

综合练习 연습문제

1. 아래 한자에 한어병음을 쓰고 읽어보세요.

① 公里　　　＿＿＿＿＿＿＿＿

② 公厘　　　＿＿＿＿＿＿＿＿

2. 다음 병음을 제시한 빈칸에 한자를 써넣으세요.

3. 아래 단어들을 잘 배열하여 문장을 만드세요.

① 大概　全程　公里　七

→ ＿＿＿＿＿＿＿＿＿＿＿＿＿＿

② 三　就　厚　的　公厘　很

→ ＿＿＿＿＿＿＿＿＿＿＿＿＿＿

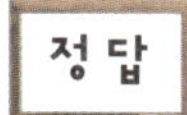

정답

1. ① gōnglǐ　　　② gōnglí
2. ① 公里　　　② 公厘
3. ① 全程大概七公里。　　　② 三公厘就很厚的。

간체자 – 번체자

汉语	→	漢語
韩语	→	韓語
北京	→	北京
贸易	→	貿易
好吗	→	好嗎
号码	→	號碼
其实	→	其實
九点	→	九點
小时	→	小時
时间	→	時間
商务	→	商務
作业	→	作業
大学	→	大學
年纪	→	年紀
年级	→	年級
两块	→	兩塊
习惯	→	習慣
眼镜	→	眼鏡
颜色	→	顏色
睡觉	→	睡覺
水饺	→	水餃
老师	→	老師
老实	→	老實
教师	→	教師
难堪	→	難堪
优点	→	優點
何时	→	何時
指导	→	指導
一直	→	一直
告诉	→	告訴
美丽	→	美麗
历史	→	歷史
死机	→	死機
误会	→	誤會
舞会	→	舞會
手机	→	手機
护士	→	護士
忽视	→	忽視

심심 첫걸음 시리즈 동인랑

외국어 앞에서 더이상 무섭지 않다!

★ 4*6배판 /188쪽 /정가 13,800원
MP3 CD 포함

★ 4*6배판 /208쪽 /정가 19,800원
MP3 CD 포함
별책부록 문법편

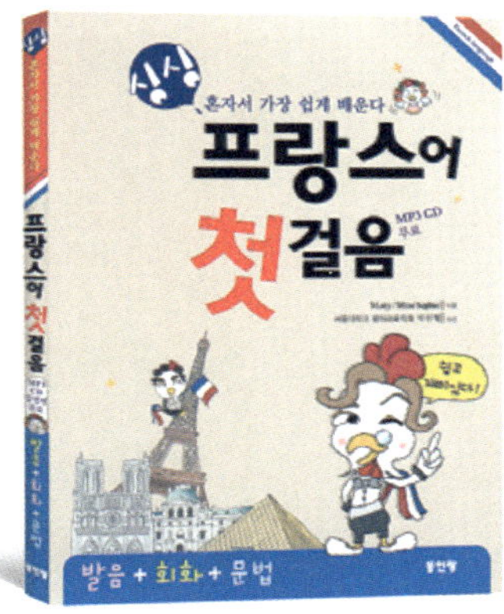

★ 4*6배판 /176쪽 /정가 19,500원
MP3 CD 포함
별책부록 문법편

혼자서 손쉽게 외국어의 기초를 다진다!

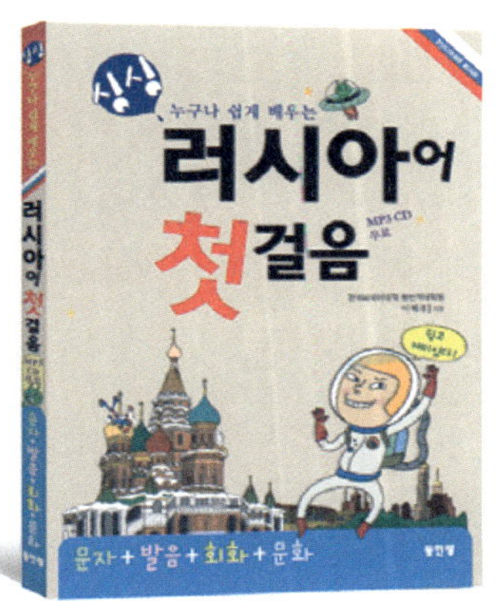

★ 4*6배판 /208쪽 /정가 19,500원
MP3 CD 포함

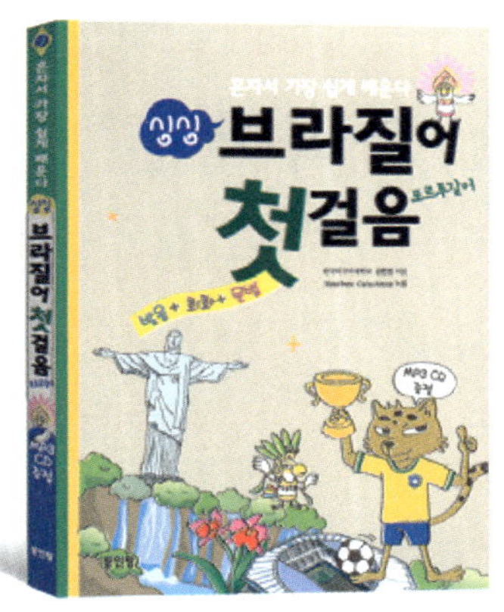

★ 4*6배판 /192쪽 /정가 21,500원
MP3 CD 포함

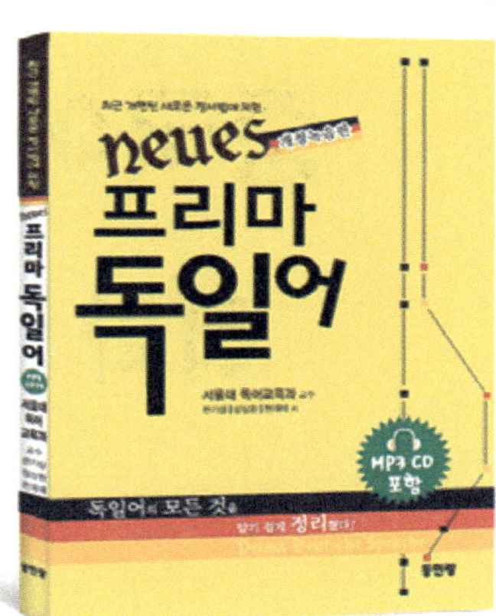

★ 4*6배판 /224쪽 /정가 22,000원
MP3 CD 포함

저자 최진권(崔鎭權)

과천외고 중어과 졸업
중앙대 무역/중어과 졸업
교육대학원 중국어교육학과 졸업

前) IT기업 중화권 해외영업
現) 차이나知연구소 소장
　　삼성전자, 삼성디스플레이 및 기업체 출강
　　중국어 교재 집필 및 중국어 번역
　　중국어 강의 및 컨설턴트 활동

주요저서

중국어중등교사 영역별기출문제(2012/담음교육)
중국어100문장 착한 레시피(2013/담음교육)
100일 만에 마스터하는 한중일공용한자800(2013/담음교육)
실버중국어(2016/씨앤톡)

현재 블로그 제키C의 차이나知연구소 운영 www.bkchina.co.kr 중에 있으며 이곳을 통해 3,000여명이 넘는 학습자들과 매일 소통하며 중국어 학습방법을 전파하고 공유하며 중국어 교재 연구와 집필에 힘 쏟고 있다.
이메일 주소 : china@bkchina.co.kr

저자 최진권
1판 1쇄 2016년 1월 20일　　　발행인 김인숙　　　발행처 (주)동인랑
Editorial Director 김혜경　　　Designer 김소아　　　Cover Design·Illustration 김소아
Printing 삼덕정판사

139-240
서울시 노원구 공릉동 653-5　　　대표전화 02-967-0700
　　　　　　　　　　　　　　　　팩시밀리 02-967-1555
　　　　　　　　　　　　　　　　출판등록 제 6-0406호
　　　　　　　　　　　　　　　　ISBN 978-89-7582-555-2

동인랑에서는 참신한 외국어 원고를 모집합니다. e-mail : webmaster@donginrang.co.kr